電腦科學 LinkIt

設計物聯網

應用

▶▶▶▶▶▶▶▶

曾希哲 著

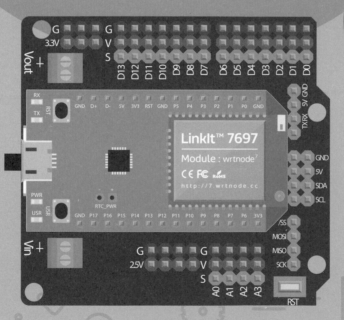

翰吉 Han Geek

序

　　LinkIt 7697 是個非常好用的教學及開發工具，在學校實際教學時，搭配 BlocklyDuino 積木程式，讓學生非常容易入門，學習變得輕鬆有趣，其支援藍牙 4.0 及 Wi-Fi 連線功能，無須加裝其他模組，同樣以 BlocklyDuino 積木可輕鬆撰寫程式，再加上 LinkIt Remate App 及 MCS 物聯網平台，讓學習物聯網更加方便。BlocklyDuino 支援許多常用的感測模組，同時可用 Arduino IDE 撰寫文字程式，驅動 BlocklyDuino 沒有支援的特殊感測模組，在主題式教學或是專題製作課程中可彈性應用。

　　在學校擔任物聯網課程及專題製作的教學工作約有兩年的時間，使用 LinkIt 7697 上課時學生的反應最佳，感謝 CAVEDU 教育團隊的邀請，讓我有機會分享學校上課的教學內容，讓讀者也能輕鬆學習新興科技 - 物聯網，感謝 CAVEDU 編輯團隊協助，讓我在撰稿時無後顧之憂，最後要感謝我的家人，容許我在學校工作以外的時間，總是坐在書桌前反覆做實驗及寫稿。

　　本書所寫的範例只是起頭，相信在讀者們的創意及巧手下，會有更多物聯網相關的作品產出，最後個人才疏學淺，書中如有不當之處，歡迎來信賜教。

曾希哲

Email: jackjeanab@gmail.com

推薦序

花蓮教育網路中心邱文盛輔導員

　　台灣的教改在 108 課綱頒佈之後新增了科技領域，對於高國中小而言，對於新興科技、物聯網及機電整合這一區塊，能用的硬體選擇並不多，長期以來，以 Arduino、樹梅派這類開放硬體連接物聯網，對國中小尚有難度，除了 NodeMCU 這類對岸產品，連網不穩定且經常燒毀之外，開放式雲端平台限制很多不利教學、圖形控制程式軟體選擇也少，且軟硬體的整合尚未降低門檻到可以簡單切入國中小的甜蜜點。

　　然而，LinkIt 7697 的出現，恰巧改變了這個狀況，LinkIt 7697 是國內科技大廠聯發科技有限公司所發展的一塊針對物聯網應用的開發板，聯發科技公司除了為此開發板打造了 BlocklyDuino 程式寫作環境之外，還準備了一個沒有限制又簡單好用的 MCS 物聯雲平台，這個穩定高效能組合的出現，就如同當初 Arduino 碰上了 Scratch 一般，剎那間，使用 Blockly 圖形化程式語言來控制 LinkIt 7697 連接物聯網做 IOT 突然變得好簡單，甚至國小學生都能上手，我認為這是一個物聯網在教育發展的奇點。

　　聯發科教育基金會在各縣市捐贈許多 LinkIt 7697 開發板，同時也和 S4A 社群及均一合作開發可以通用 Arduino 感測器的擴充板及線上基礎教材，且此時已有一批漂移設備在均一提供讓有興趣的老師借用學習，未來也會和本書作者發展進階物聯網課程，因此，7697 物聯網課程可預見將會在國內蓬勃發展，我在國中小教育界的多年操作與觀察，LinkIt 7697 的確是目前最適合被用來作為國中小在學習過 Arduino+Scratch 之後的進階，完美銜接機電整合與物聯網教育，因此，希哲老師所寫的這本書，無疑是在政府推動 IOT 時代中扮演著教學最棒的選擇。

　　書籍的前三章，教學的概念與 Arduino 是相通的，因此學過 Arduino 的人幾乎可以極快翻過就能瞭解，沒學過的也會在學習之後就一併瞭解 Arduino 感測器的運作，尤其套件的選用都是通用模組，沒有特殊的接頭，不會有買不到模組的困擾，更不會直接使用電子零件，老師不需要為電子電路煩惱，而第四章開始，就是 Linklt 7697 的強項，你會發現不管是藍牙、WIFI 的控制、MCS 物聯雲平台的使用，與手機端程式的撰寫，都是所有 IOT 的學習組合中門檻最低、最穩定、最簡單的，希哲老師用許多實例的製作，讓我們了解 IOT 的應用，這本書真的很棒，真心不騙！也期勉國內的科技教育，在國內 IOT 晶片大廠的協助，和希哲老師的幫忙下，順利成功。

目錄

第 4 章 BLE 藍牙控制

第 5 章 WiFi 控制

本書程式範例與本書更多資訊，請上翰吉出版書籍網站：http://www.cavedu.com/han-gee/

▶▶▶ 第 **1** 章

LinkIt 7697 及 BlocklyDuino V3 簡介

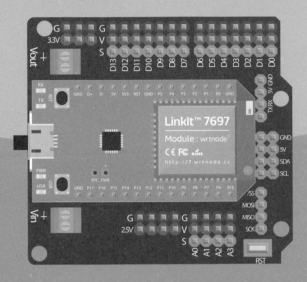

1-1　LinkIt 7697 簡介

　　近來物聯網蓬勃發展，國內外各家廠商紛紛推出物聯網發展平台，國內知名廠商聯發科技公司於 2017 年推出全新物聯網開發板 LinkIt 7697（以下簡稱 7697），又於 2018 年 7 月推出適用於常見 Arduino 相容感測器的 Nano Breakout 擴充板，也將其 Blockly 積木程式開發工具改版為 BlocklyDuino V3，讓 7697 成為最容易上手的物聯網開發工具之一。

LinkIt 7697

Nano Breakout 擴充板（正面與反面）

7697 使用聯發科技公司所設計的 MT7697 晶片作為主控制器，該晶片核心為 ARM Cortex-M4，運行時脈為 192MHz，同時提供藍牙 4.0 與 Wi-Fi 無線網路兩種無線通訊功能，並支援 GPIO、UART、I²C、SPI、PWM、ADC 等介面，讓使用者可以在 7697 上同時使用藍牙 4.0 與 Wi-Fi 無線網路。並可搭配聯發科所發展的雲端資料服務平台（MediaTek Cloud Sandbox，MCS），非常適合做為學習物聯網的工具，或是快速開發物聯網裝置原型。

使用 7697 進行開發時，透過 USB 連接線與電腦相連，可燒錄程式或使用序列埠監看 7697 的運作狀況，另外透過杜邦線與感測模組相連，可監控各種環境感測裝置。

7697 需要安裝 USB 驅動程式才能連接到電腦，請到 Silicon Labs 網站下載驅動程式，下載網址為：https://www.silabs.com/products/development-tools/software/usb-to-uart-bridge-vcp-drivers

請選擇網頁中適合的作業系統版本下載，本書均以 Windows 10 64 位元作業系統為例，點選箭頭處之超連結，即可下載。

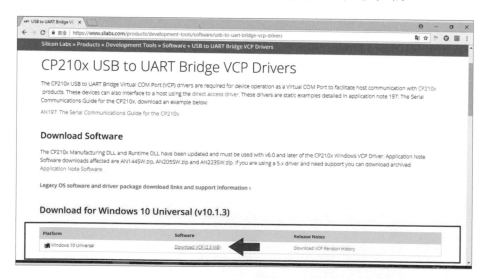

驅動程式下載後，解壓縮檔案，進入資料夾可發現下圖中兩個安裝檔案，如果你的電腦是 64 位元，請執行 CP210XVCPInstaller_x64.exe，如果你的電腦是 32 位元，請執行 CP210XVCPInstaller_x86.exe。

點選彈出視窗中的下一步。

點選「我接收此合約」後，再點選下一步。

第 **1** 章

LinkIt 7697 及
BlocklyDuino V3 簡介

第 **2** 章

基
礎
感
測
模
組

第 **3** 章

進
階
感
測
模
組

第 **4** 章

B L E 藍
牙
控
制

第 **5** 章

WiFi
控
制

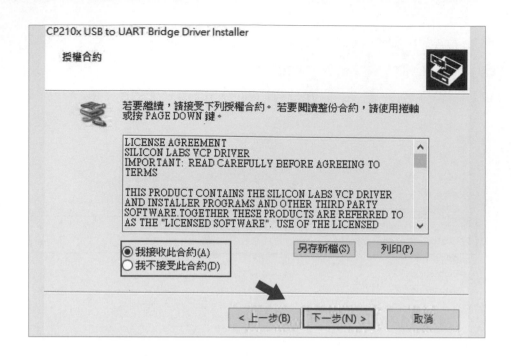

最後點選「完成」，即完成驅動程式的安裝。

驅動程式安裝完成後，請用 Micro USB 線將 7697 連上電腦，完成接線後 7697 上的綠色電源燈就會發亮。

接下來要透過電腦中的裝置管理員查看 7697 的連接埠編號。把滑鼠游標放在工具列的「開始」，按滑鼠右鍵，由彈出的視窗中點選「裝置管理員」。

第 **1** 章

LinkIt 7697 及
BlocklyDuino V3 簡介

第 **2** 章

基礎感測模組

第 **3** 章

進階感測模組

第 **4** 章

BLE 藍牙控制

第 **5** 章

WiFi 控制

再來點選「連接埠（COM 和 LPT）」，可以找到 Silicon Lab 的 CP210X 裝置連接在 COM3，這就是您的電腦指派 7697 開發板序列埠編號。

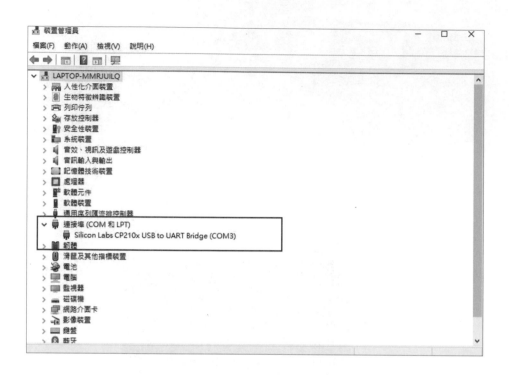

上圖中可看到 Silicon Labs 的 CP210X 裝置連接在 COMX（其中 X 代表數字，此處以 COM3 為例）。如果找不到這個裝置，請先拔掉 USB 連接線再重新連接電腦。如果還是不行，再重新安裝驅動程式。

1-3 BlocklyDuino 軟體下載與安裝

Blockly 積木式程式開發環境是由 Google 公司所發展，其語言編輯器是一套開放原始碼軟體，所以市面上可以找到許多使用 Blockly 發展的程式工具。

7697 的 BlocklyDuino 是聯發科技公司基於 Google Blockly 發展的工具，最新版本是 V3。請由此下載：https://github.com/MediaTek-Labs/BlocklyDuino-for-LinkIt/releases/tag/3.0.312b

另外，筆者的教學網站也會同步更新下載連結，所以也可以透過下列網址下載。https://sites.google.com/view/jackjean-learning/ 用 linkit7697 玩物聯網

BlocklyDuino 也分成 64 位元及 32 位元版本，如果電腦是 64 位元，請下載 Blocklyduino-3.312-win64-ide.zip，如果電腦是 32 位元，請下載 Blocklyduino-3.0312-win32-ide.zip。

下載後解壓縮，解壓縮後找到 blocklyduino-3.0.312b-win64-ide 資料夾底下的 BlocklyDuino3 子資料夾。

將 BlocklyDuino3 資料夾移至 C 磁碟機的根目錄，接著進入 BlocklyDuino3 資料夾中，點選 BlocklyDuino.exe 即可開啟 BlocklyDuino 開發環境。

> 注意：請務必將 **BlocklyDuino3** 資料夾移至 **C** 磁碟機的根目錄，以免因中文路徑問題而發生錯誤。

名稱	修改日期	類型	大小
arduino-1.8.5	2018/7/18 上午 1...	檔案資料夾	
build	2018/7/18 上午 1...	檔案資料夾	
locales	2018/7/18 上午 1...	檔案資料夾	
node_modules	2018/7/18 上午 1...	檔案資料夾	
package.nw	2018/7/18 上午 1...	檔案資料夾	
pnacl	2018/7/18 上午 1...	檔案資料夾	
sketches	2018/7/18 上午 0...	檔案資料夾	
swiftshader	2018/7/18 上午 1...	檔案資料夾	
.DS_Store	2018/6/21 上午 1...	DS_STORE 檔案	7 KB
BlocklyDuino.exe	2018/1/12 下午 0...	應用程式	4,867 KB
chromedriver.exe	2018/1/12 下午 0...	應用程式	10,631 KB
credits.html	2018/1/12 下午 0...	Chrome HTML D...	1,878 KB
d3dcompiler_47.dll	2018/1/12 下午 0...	應用程式擴充	4,210 KB
debug.log	2018/6/20 下午 0...	文字文件	1 KB
ffmpeg.dll	2018/1/12 下午 0...	應用程式擴充	1,230 KB

下圖為 BlocklyDuino 初始畫面。

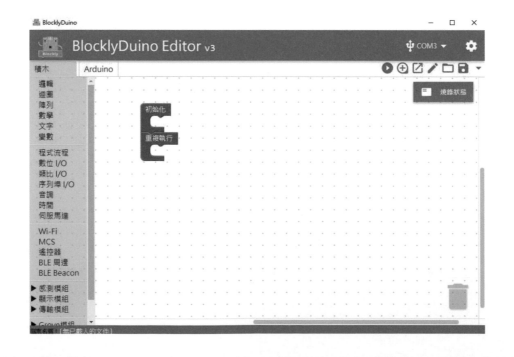

建議在桌面建立 BlocklyDuino.exe 的捷徑，可減少進入開發工具的時間，將滑鼠游標放在 BlocklyDuino.exe 檔案上，按滑鼠右鍵。

第 1 章
LinkIt 7697 及
BlocklyDuino V3 簡介

第 2 章
基礎感測模組

第 3 章
進階感測模組

第 4 章
BLE 藍牙控制

第 5 章
WiFi 控制

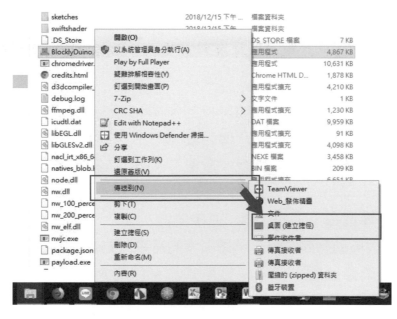

將滑鼠游標放在彈出視窗的「傳送到」，接著點選在彈出視窗的「桌面建立捷徑」。

最後在桌面可以找到 BlocklyDuino 的捷徑，只要點選該捷徑即可啟動。

1-4　BlocklyDuino 功能說明

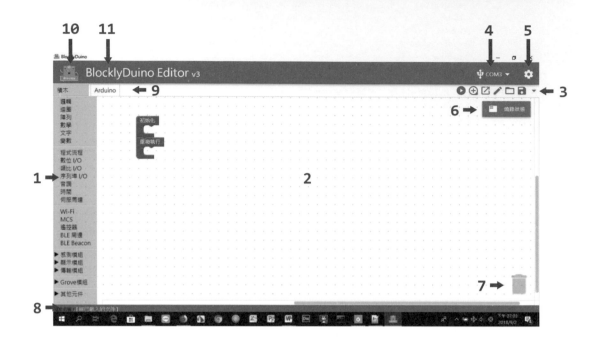

1：**積木主選單**，由此區域可找到所有積木程式方塊。

2：**程式編輯區**，此區域可編輯積木程式。

3：**工具列**，包括編譯燒錄、啟動序列埠、儲存檔案及開啟檔案等功能。

4：**序列埠選擇**，選擇 7697 連接的序列埠。

5：**語言與自動儲存選擇**，選擇顯示的語系及自動儲存的各項選項。

6：**程式燒錄狀態**，程式編譯燒錄詳細狀態顯示。

7：**垃圾桶**，刪除積木。

8：**訊息列**，顯示開啟的檔案名稱。

9：**程式碼選擇**，可選擇顯示積木程式或 Arduino C 程式碼

10：**7697 接腳圖**，顯示 7697 接腳圖。

11：**BlocklyDuino 版本宣告**。

工具列的功能詳細說明如下：

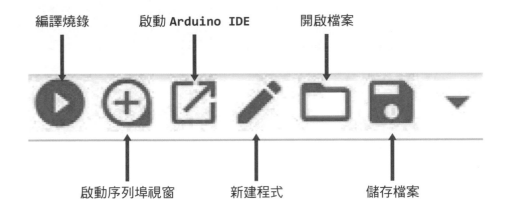

編譯燒錄　　啟動 Arduino IDE　　開啟檔案

啟動序列埠視窗　　新建程式　　儲存檔案

第 1 章
LinkIt 7697 及
BlocklyDuino V3 簡介

第 2 章
基礎感測模組

第 3 章
進階感測模組

第 4 章
BLE 藍牙控制

第 5 章
WiFi 控制

1-5　撰寫第一個程式

　　點選積木主選單中「數位 I/O」會展開數位 I/O 的選單，接著拖曳選單裡的 內建 LED 狀態 積木到程式編輯區，最後把 內建 LED 狀態 積木拖曳到 重複執行 區塊內。

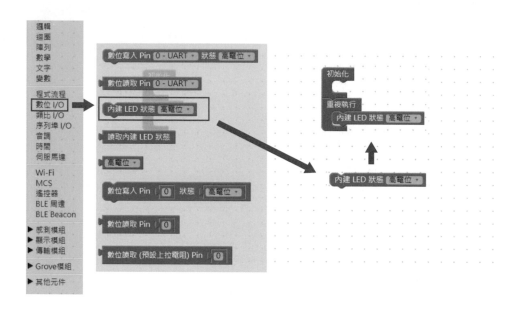

　　從「時間」選單中拖曳延遲毫秒 積木，放在內建 LED 狀態積木下方。

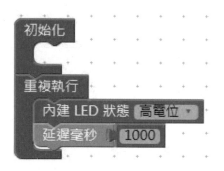

　　接著可以使用前述步驟，再從選單中拖曳內建 LED 狀態積木，這裡介紹使用複製方式產生 內建 LED 狀態 積木，將滑鼠移至 內建 LED 狀態 積木上方，按滑鼠右鍵，會跳出交談視窗，點選視窗裡的「複製」會再產生一個可以複製一個內建 LED 狀態積木。

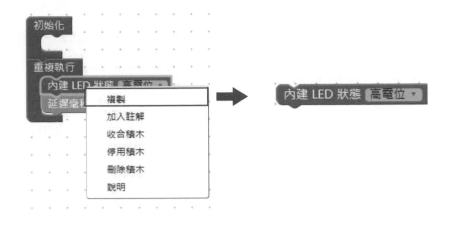

第**1**章
LinkIt 7697 及
BlocklyDuino V3 簡介

第**2**章
基礎感測模組

第**3**章
進階感測模組

第**4**章
BLE 藍牙控制

第**5**章
WiFi 控制

　　積木中可調整的部分叫做參數，內建 LED 狀態積木中有個狀態參數。請點選參數旁的倒三角符號，接著點選彈出視窗裡的「低電位」，完成參數的調整。將調整完參數的內建 LED 狀態積木放到延遲毫秒積木下方。

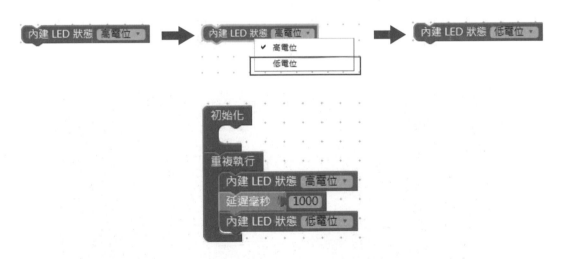

　　用前面提過的複製方式，複製一個延遲毫秒積木，放到內建 LED 狀態積木的下方，完成控制 LED 閃爍的程式。

本書以介紹 Blockly 積木程式為主，不過 BlocklyDuino 還可以看到積木程式所對應的 Arduino C 程式碼。點選左上角的「Arduino」，即可看到程式碼。

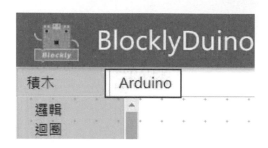

此程式碼可以在 Arduino IDE 中修改及燒錄，建議初學者以 Blockly 積木程式為主，再搭配閱讀 Arduino C 程式碼，日後可繼續挑戰以 Arduino C 語言來撰寫程式。

```
/*
 * Generated using BlocklyDuino:
 *
 * https://github.com/MediaTek-Labs/BlocklyDuino-for-LinkIt
 *
 * Date: Sat, 08 Sep 2018 22:39:10 GMT
 */


void setup()
{

  pinMode(LED_BUILTIN, OUTPUT);
}

void loop()
{
  digitalWrite(LED_BUILTIN, HIGH);
}
```

程式寫好一定要記得存檔，但是要儲存哪一種檔案？BlocklyDuino 會同時儲存 BlocklyDuino 和 Arduino 程式碼兩種格式。

首先點選工具列上的「儲存檔案」。

接著由彈出瀏覽資料夾視窗中選定要儲存的資料夾，再點選確定。

注意：如果沒有適合的資料夾，可以用視窗中的「建立新資料夾」按鈕建
立新的資料夾，輸入名稱後按「確定」。

接著輸入要存檔的檔案名稱 "Ch01"，點選「OK」完成存檔。

注意：檔案名稱不可使用中文。

我們用檔案總管來看儲存完成的檔案，首先找到 Ch01 資料夾，進入資
料夾會看到 Ch01.ino 和 Ch01.xml 兩個檔案，兩個檔案的主檔名都是 Ch01，
Ch01.ino 是 Arduino C 程式檔，Ch01.xml 是 BlocklyDuino 積木程式檔。

儲存檔案之後，讓我們練習開啟檔案，如果不想練習可跳過繼續往下進行燒錄，等到有需要時再來練習，首先用工具列上的「新建程式」選項把原有程式清空，接著點選工具列中的「開啟檔案」選項。

從彈出的瀏覽資料夾視窗中找到 Ch01 資料，並點選 Ch01 資料夾，接著按下確定，就會再次開啟 BlocklyDuino 並載入先前儲存的程式。

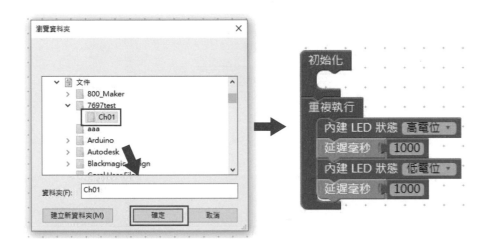

程式編輯及存檔完成，接下來要做程式編譯及燒錄。編譯燒錄前要選擇正確的序列埠。點選圖中的箭頭，會列出所有已接上所有的序列埠裝置。請選擇在 1-3 中裝置管理員所看到的 COMX，此處以 COM3 為例。

BolcklyDuino V3 貼心設計了『一鍵編譯及燒錄』功能，只要點選工具列的「編譯燒錄」即可完成兩件工作。

注意：程式燒錄時請讓它做完，重覆燒錄可能會失敗！

　　想觀察編譯燒錄的詳細訊息，請點選「燒錄狀態」選項，跳出編譯燒錄過程的詳細資訊。再次點選本狀態即可關閉視窗。

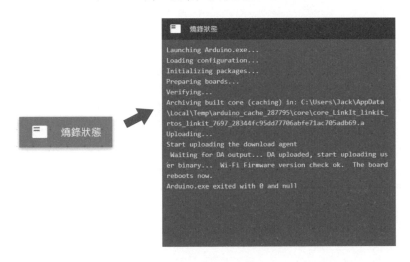

注意：燒錄時 7697 上的 Rx 及 Tx 兩顆 LED 會交互閃爍兩次。

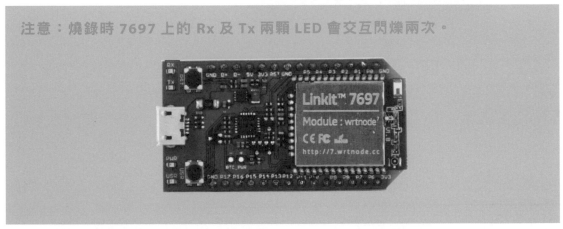

　　燒錄完成後，7697 會立即執行程式，我們可以觀察 7697 開發板上內建的紅色 LED 開始每秒亮滅一次。

　　恭喜！完成第一個 BlocklyDuino 積木程式，後面還有更精采的各式感測模組以及物聯網程式設計，讓我們繼續往下學習。

1-6 延伸練習

◎試試看，把本書闔上，從新建檔案開始，再編輯程式，最後完成燒錄。

▶▶▶ 第**2**章

基礎感測器模組

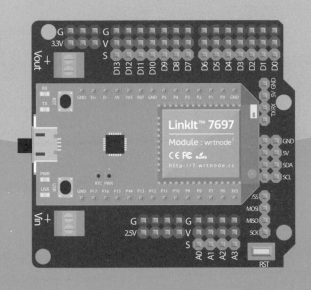

2-1 LinkIt 7697 擴充板功能說明

　　本書中所有實作範例以 7697 搭配擴充板，再加上市面上常見且實用的感測模組來完成。讓我們在實作時容易取得模組，同時可以輕易完成電路接線。

　　首先要做 7697 和擴充板接合，拿出你的 7697 和擴充板，並把兩塊電路板切角的部分朝右，如下圖所示：

　　接著把 7697 放在擴充板的上方，讓 7697 的排針公座，對準擴充板的排針母座插好後輕壓。

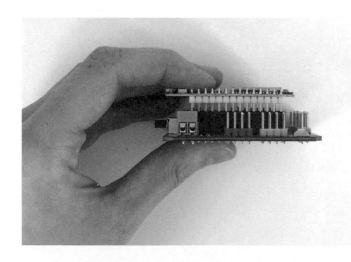

確認 7697 排針公座上的所有針腳都有對準擴充板的母座後，再把兩片電路板壓合，完成後如下圖所示。

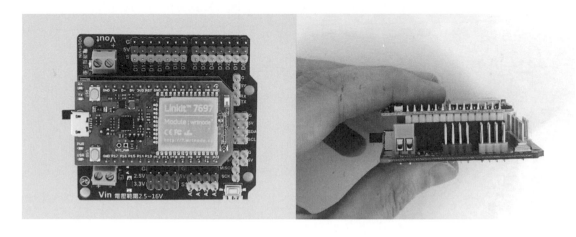

第 **1** 章
LinkIt 7697 及
BlocklyDuino V3 簡介

第 **2** 章
基礎感測模組

第 **3** 章
進階感測模組

第 **4** 章
BLE 藍牙控制

第 **5** 章
WiFi 控制

第一章介紹 BlocklyDuino 時，看過 7697 板子上的內建 LED，現在 7697 跟擴充板結合，看起來接腳變多很複雜，事實上，擴充板是用來讓接線變簡單的工具，讓我們來認識加上擴充板的 7697。

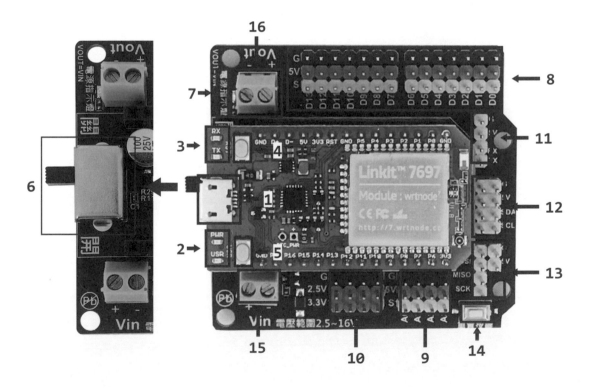

7697 部分：

1.**Micro USB 插頭**：連接電腦，提供 7697 電源及信號的傳輸。

2. **電源燈及內建 LED 燈**：PWR 是綠色電源燈，USR 是紅色內建 LED 燈，連接到 D7。
3. **Rx 及 Tx 燈**：Rx 燈連接到 D0，Tx 燈連接到 D1。
4. **RST 按鍵**：內建重置按鍵，可讓程式重頭開始執行。
5. **USR 按鍵**：內建按鍵，連接到 D6。

擴充板部分：

6. **電源開關**：擴充板上的電源開關，控制擴充板的電源，使用時請將開關撥至開的位置。
7. **電源燈**：擴充板上的電源指示燈為綠色 LED，當擴充板上的電源開關撥到開時，電源燈會發亮。
8. **數位接腳**：編號由 D0~D13，每組數位接腳有 S、V 及 G 三隻接腳，其中 S 腳位連接到對應的數位接腳，V 腳位連接到 +5V，G 腳位連接到 GND。
9. **類比接腳**：編號由 A0~A3，每組類比接腳有 S、V 及 G 三隻接腳，其中 S 腳位連接到對應的類比接腳，V 腳位連接到 +5V，G 腳位連接到 GND。
10. **電源接腳**：提供 3.3V、2.5V 及 GND。
11. **串列埠介面接腳**：Rx、Tx 及 5V 電源接腳。
12. **I²C 介面接腳**：SDA、SCL 及 5V 電源接腳。
13. **SPI 介面接腳**：SS、SCK、MISO、MOSI 及 5V 電源接腳。
14. **RST 按鍵**：擴充板上的重置按鍵，功能與內建重置按鍵相同。
15. **外接電源輸入**：接受 2.5V~15V 電源輸入。
16. **外接電源輸出**：輸出電壓大小為外接電源輸入的電壓。

> 注意：
> 1. 請務必將擴充板上的電源開關撥至開的位置，否則將導致擴充板連接的模組無法正常工作。
> 2. 擴充板上數位接腳標示 D0~D13，對應積木程式中數位接腳的寫法是 Pin 0~Pin 13，擴充板中 D0 對應積木程式的 Pin 0，其餘以此類推。

2-2　單顆 LED 控制

第 **1** 章
LinkIt 7697 及
BlocklyDuino V3 簡介

第 **2** 章
基礎感測模組

第 **3** 章
進階感測模組

第 **4** 章
BLE 藍牙控制

第 **5** 章
WiFi 控制

　　LED 的控制非常簡單也非常的基礎，學會了之後可以做很多的延伸及應用，讓我們先來認識 LED。LED 中文名稱為發光二極體，LED 有兩隻接腳，分別為長腳及短腳，長腳接正電源，也就是電池的正端 (+)，短腳接負電源，也就是電池的負端 (-)，LED 就會發亮，當然在 LED 的長腳或短腳上要串接電阻，以免電流太大把 LED 燒毀。

短腳　　長腳

　　在市面上 LED 模組中都已將電阻裝到模組中並拉出接腳。LED 模組有三隻接腳分別為 IN(訊號)、VCC(正極) 及 GND (負極)，正好可跟 7697 擴充板的數位接腳對接。

　　我們認識 7697 和 LED，準備要開始寫程式，首先要認識 7697 的程式結構，打開 BlocklyDuino 就會看到下圖這兩塊積木，要了解這兩塊積木的由來，得先認識 7697 的功能。7697 和 Arduino 的功用相同，他們的作用是透過感測模組讀取真實世界的狀態並處理及運算後控制目標裝置，或者將這些狀態傳至雲端，例如讀取溫度控制電風扇轉動，

並將溫度及電風扇運轉的時間傳送至雲端紀錄。此種控制型微處理機與一般電腦的功能不同,所以在程式結構的設計也不同。

　　程式的執行順序是從上到下依序執行,初始化積木與重複執行積木的擺法一個在上,一個在下,如下圖所示,初始化積木的功能是設定 7697 開機後的狀態,所有開機要設定的積木都會擺在這個積木的範圍裡,初始化積木的範圍裡在開機後會執行,而且只執行一次。重複執行積木的範圍裡擺放的是主要程式積木,該積木的執行順序在初始化積木的後面,而且該積木範圍裡的積木程式會不斷的重複執行。

使用零件:

項目	數量
LinkIt 7697	一片
擴充板	一片
Micro USB 線	一條
單顆 LED 模組 (紅、黃、綠擇一)	一片
母對母杜邦線	三條

接線圖：

　　把 LED 模組接到擴充板的 D7 接腳，我們按照 IN、VCC 及 GND 的接腳標示接線，7697 中 D7 的 IN 接腳接 LED 模組的 S 接腳，其餘以此類推，依照下圖連接完成，準備繼續撰寫程式。

第**1**章
LinkIt 7697 及
BlocklyDuino V3 簡介

第**2**章
基礎感測模組

第**3**章
進階感測模組

第**4**章
BLE 藍牙控制

第**5**章
WiFi 控制

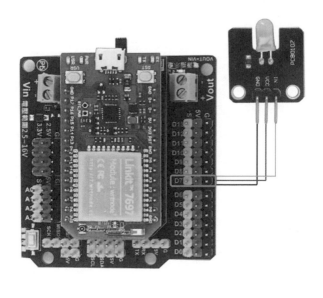

新增積木說明：

選單	積木	說明
程式流程	初始化	初始化積木，功能為開機後所有狀態的設定，本積木範圍為的程式積木開機後開始執行，且僅執行一次。
程式流程	重複執行	重複執行積木，功能為本積木範圍裡的積木程式會不斷重複執行，其執行順序在初始化積木之後。
數位 I/O	數位寫入 Pin 0 - UART ▼ 狀態 高電位 ▼	數位寫入積木，功用為控制接腳的狀態，第一個參數是接腳的編號，第二個參數是設定狀態是高電位或是低電位。
時間	延遲毫秒 1000	延遲毫秒積木，功用為保持本指令之前的動作一段時間，參數為延遲的時間，注意延遲時間單位為毫秒，即為千分之一秒，1000 毫秒等於 1 秒。

積木中可調整的參數有三種：

1. 下拉式選單型：參數中有倒三角形符號，點選該符號後彈出下拉式選單，可直接由選單中挑選參數，下方左圖為原始積木，右圖為彈出下拉式選單，選擇參數。

2. 可更換積木型：參數為積木型式，可用滑鼠左鍵點選後，填入適當的數字或文字，或可直接更換積木，下圖左圖為原始積木，中圖為修改參數，右圖為更換參數積木。

3. 數字型：參數為數字型式，可用滑鼠左鍵點選後，填入適當的數字或變數，下圖左圖為原始積木，右圖為為修改參數。

第一章已經說明內建 LED 的閃爍的程式，本節介紹外接 LED 模組的控制。

積木程式 (2_2_1)：

1. 由「數位I/O」選單中拖曳數位寫入積木，把接腳參數改成「7」，狀態參數改成「高電位」，放在重複執行積木中。

2. 由「時間」選單中拖曳延遲毫秒積木，時間參數使用預設，接著前面的數位寫入積木。

3. 由「數位 I/O」選單中拖曳數位寫入積木，併入程式中，把第接腳參數改成「7」，把狀態參數改成「低電位」。

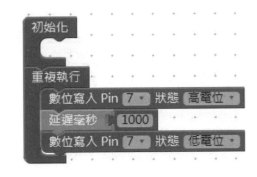

4. 由「時間」選單中拖曳延遲毫秒積木，併入程式中，時間參數使用預設，完成 LED 閃爍控制的程式。

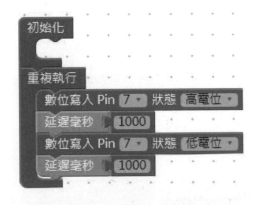

程式說明：

在重複積木的範圍第一個是數位寫入積木，可對 Pin 7 送出高電位，讓 Pin 7 所接的 LED 發亮，接著延遲時間積木會讓發亮持續 1 秒，

第 1 章
LinkIt 7697 及 BlocklyDuino V3 簡介

第 2 章
基礎感測模組

第 3 章
進階感測模組

第 4 章
BLE 藍牙控制

第 5 章
WiFi 控制

再來下一個數位寫入積木，讓 Pin 7 送出低電位，把 Pin 7 所接的 LED
滅掉，再用延遲時間積木會讓熄滅持續 1 秒，最後進入重複執行，LED
持續亮 1 秒，滅 1 秒，形成亮滅閃爍的效果。

延伸學習：

　　啟動電源後，7697 每一隻接腳的輸出都不同，在初始化積木中指
定 Pin7 的輸出為低電位是正確的做法，可以確定 7697 開機後 Pin7 的
輸出為低電位，不過重複執行積木裡的程式是讓 Pin7 輸出產生高電位
及低電位兩種變化，所以開機時 Pin7 的輸出是什麼就變得不重要。在
後面的章節我們會發現在初始化積木中指定開機時輸出的狀態是非常
重要。

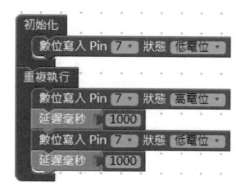

執行結果：

　　準備編譯及燒錄前，務必將擴充板的電源開關撥至開的位置，程
式編譯及燒錄完成後，LED 模組會亮滅閃爍。

第 **1** 章
LinkIt 7697 及
BlocklyDuino V3 簡介

第 **2** 章
基礎感測模組

第 **3** 章
進階感測模組

第 **4** 章
BLE 藍牙控制

第 **5** 章
WiFi 控制

2-3　紅綠燈控制

　　學完單顆 LED 的控制，了解程式是按照由上而下依序執行，我們確定 LED 的亮滅順序，寫程式時按照順序把積木擺好，即可順利完成控制，同樣的方法可以推廣到多顆 LED，本節要用三個單顆 LED 模組做紅綠燈的控制。

　　本節依然使用 LED 模組，如果是用單顆 LED 模組，要用三種不同顏色的模組，如果是使用一顆三色 LED 模組，接線時要注意跟 2-2 節接線有不同。本節使用三個單顆 LED，因此會分別接到 7697 三隻數位接腳。

　　關於三色 LED 模組，在市面上可以兩種不同的可以發出三種顏色的 LED 模組，下圖是三顆 LED 做在同一個包裝，看起來像一顆 LED，稱為三色 LED 模組。但請注意，三色 LED 模組有分共陰極和共陽極，此模組為共陽極三色 LED 模組，會在後面的單元使用。

　　十字路口的交通號誌燈的亮滅順序為：
　　綠燈亮 -> 綠燈滅 -> 黃燈閃爍 -> 黃燈滅 -> 紅燈亮 -> 紅燈滅

交通號誌的運作需要上述的順序不斷重複，我們依據如此順序撰寫程式，其中黃燈閃爍部分做亮滅二次。

使用零件：

項目	數量
LinkIt 7697	一片
擴充板	一片

Micro USB 線	一條
單顆 LED 模組 (紅、黃、綠)	各一片
母對母杜邦線	九條

接線圖：

　　本節要做三種顏色 LED 的控制，綠色 LED 接 D7 接腳，黃色 LED 接 D8 接腳，紅色 LED 接 D9 接腳，按照每顆 LED 的控制接腳連接 7697 的 S 接腳，LED 的 Vcc 及 GND 接在對應的 7697 的 V 及 G 接腳，並依照下圖連接完成，準備繼續撰寫程式。

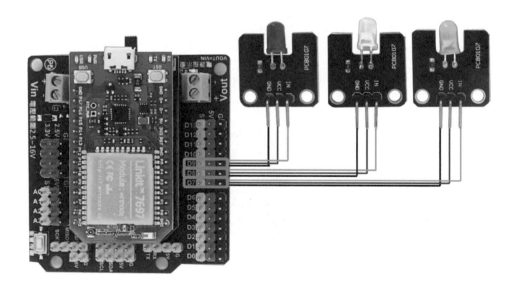

新增積木說明：

選單	積木	說明
迴圈	重複 10 次數 執行	計次迴圈積木，功用為讓本積木範圍裡的積木程式重複執行，重複的次數為可調整的參數，預設為重複執行 10 次。

　　我們繼續按照前述的交通號誌亮滅的順序撰寫程式。

積木程式 (2_3_1)：

1. 由「數位I/O」選單中拖曳數位寫入積木，把接腳參數改成「7」，
   把狀態參數改成「低電位」，放在初始化積木中。

2. 由「數位I/O」選單中拖曳數位寫入積木，把接腳參數改成「8」，
   把狀態參數改成「低電位」，接著 Pin7 的數位寫入積木。

3. 由「數位I/O」選單中拖曳數位寫入積木，把接腳參數改成「9」，
   把參數改成「低電位」，接著 Pin8 的數位寫入積木。

4. 由「數位I/O」選單中拖曳數位寫入積木，把接腳參數改成「7」，
   把狀態參數改成「高電位」，放在重複執行積木中。

第 **1** 章
LinkIt 7697 及 BlocklyDuino V3 簡介

第 **2** 章
基礎感測模組

第 **3** 章
進階感測模組

第 **4** 章
BLE 藍牙控制

第 **5** 章
WiFi 控制

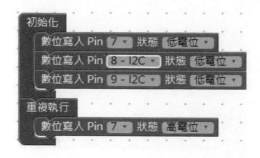

5. 由「時間」選單中拖曳延遲毫秒積木,時間參數使用預設,接著前面的數位寫入積木。

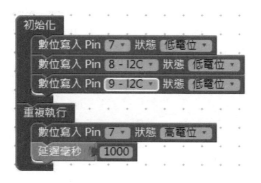

6. 由「數位I/O」選單中拖曳數位寫入積木,把接腳參數改成「7」,把狀態參數改成「低電位」,依序放在重複執行積木中。

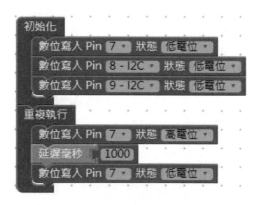

7. 由「時間」選單中拖曳延遲毫秒積木,時間參數使用預設,依序放在重複執行積木中。

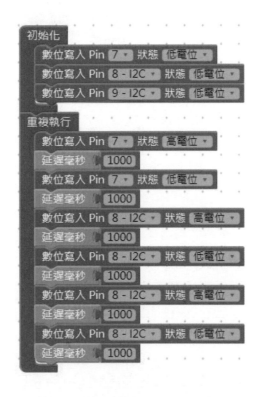

第 **1** 章

LinkIt 7697 及
BlocklyDuino V3 簡介

第 **2** 章

基礎感測模組

第 **3** 章

進階感測模組

第 **4** 章

BLE 藍牙控制

第 **5** 章

WiFi 控制

8. 重複兩次步驟 4 到步驟 7 的程式編輯，把其中積木接腳參數的
設定改成「8」。

9. 重複步驟 4 到步驟 7 的程式編輯，把其中積木接腳參數的設定
改成「9」，完成紅綠燈積木程式。

初始化
數位寫入 Pin 7 ▼ 狀態 低電位 ▼
數位寫入 Pin 8 - I2C ▼ 狀態 低電位 ▼
數位寫入 Pin 9 - I2C ▼ 狀態 低電位 ▼

重複執行
數位寫入 Pin 7 ▼ 狀態 高電位 ▼
延遲毫秒 1000
數位寫入 Pin 7 ▼ 狀態 低電位 ▼
延遲毫秒 1000
數位寫入 Pin 8 - I2C ▼ 狀態 高電位 ▼
延遲毫秒 1000
數位寫入 Pin 8 - I2C ▼ 狀態 低電位 ▼
延遲毫秒 1000
數位寫入 Pin 8 - I2C ▼ 狀態 高電位 ▼
延遲毫秒 1000
數位寫入 Pin 8 - I2C ▼ 狀態 低電位 ▼
延遲毫秒 1000
數位寫入 Pin 9 - I2C ▼ 狀態 高電位 ▼
延遲毫秒 1000
數位寫入 Pin 9 - I2C ▼ 狀態 低電位 ▼
延遲毫秒 1000

程式說明：

在初始化積木中放置三個數位接腳為低電位的積木，設定 7697 在開機的狀態，亦即在開機之後三顆 LED 全部都熄滅。在重複執行積木中依照不同顏色 LED 的亮滅順序，逐一把需要的積木擺入，其中綠色 LED 接 Pin 7，黃色 LED 接 Pin 8，紅色 LED 接 Pin 9，另外 LED 的亮滅持續時間均設定為 1 秒。

執行結果：

程式編譯及燒錄完成，綠色 LED 及紅色 LED、黃色 LED 輪流動作。

延伸學習 (2_3_2)：

觀察程式中是否有重複的部分？我們發現下面的程式片段有重複的部分。

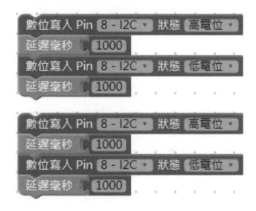

把相同的部分集合起來，發現原本的程式片段可以分成兩個部分。

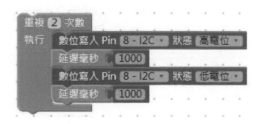

電腦最擅長處理重複的動作，只要可以找到程式中重複的地方，再來留下不重複的部分配合計次迴圈積木，程式馬上變簡短，其中計次迴圈積木在「迴圈」選單中即可找到。

使用迴圈的積木程式：

上述程式紅綠程式加入迴圈積木，修改後的程式如下：

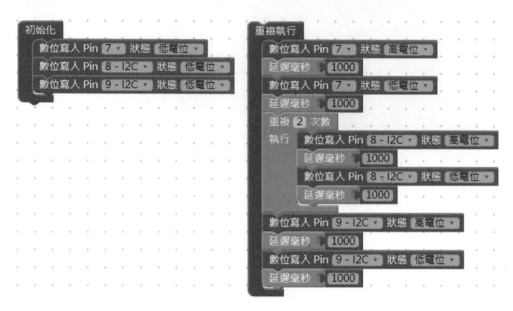

使用迴圈程式說明：

找出程式重複之處是非常重要，只要找出重複之處，並善用迴圈就能輕易解決複雜的問題，例如黃燈要閃爍 100 次，如果用原本的程式寫法可能要花 30 分鐘，不過利用這個使用迴圈的範例，只要把迴圈積木重複的次數改為 100 即可完成，因為我們已經找到程式會重複的地方，並利用迴圈積木讓程式可以執行我們設定的重複次數。

2-4 按鈕開關控制 LED

　　7697 控制 LED 時，其接腳只有高電位及低電位兩種狀態，此種具有兩種狀態的接腳稱為數位接腳，LED 模組只有亮及滅兩種狀態稱為數位模組，因 7697 要輸出訊號來控制 LED 模組，所以 LED 模組又稱為數位輸出模組，本節要介紹另一種數位模組為按鈕開關模組，按鈕開關只有按下及釋放兩種狀態，另外也輸入信號給 7697，所以按鈕開關模組是數位輸入模組。

　　本節以按鈕開關模組作為輸入模組，三色 LED 模組作為輸出模組，把開關是否動作的訊號傳送到 7697 做運算或處理，再將結果輸出控制 LED 的亮滅，實際的動作為按下按鈕開關模組的按鈕，則 LED 燈亮起，當釋放按鈕開關模組的按鈕，則 LED 熄滅。

輸入模組　　　　　　　　　　　　　　　　　　　　　　輸出模組

　　當實作的系統越來越複雜，有輸入及輸出模組，還有 7697 做運算或處理，輸入與輸出模組可以用眼睛觀察運作狀態，我們會想知道 7697 運算的資料到底是什麼？但是我們目前無法知道，另外 7697 沒有螢幕可以幫忙顯示，此時我們可以使用序列埠 (serial port)，協助觀察 7697 內部的運算資料，下圖為序列埠的連接線。

在第一章提到 7697 的電源由 USB 插座的連接線供給，一般都會把 USB 連接線的另一插到電腦，這條 USB 連接線提供 7697 電源之外，還提供電腦與 7697 之間序列埠的連接，讓電腦透過序列埠把程式燒錄到 7697，還有當 7697 程式執行時，可以透過序列埠傳送資料給電腦，或接收來自電腦的資料。本節的實作中會使用 BlocklyDuino 的序列埠顯示視窗觀察由 7697 傳送運算的資料給電腦顯示。

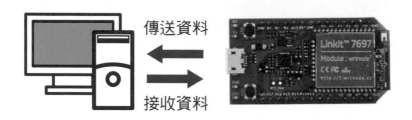

使用零件：

項目	數量
LinkIt 7697	一片
擴充板	一片
Micro USB 線	一條
按鈕開關模組	一片
三色 LED 模組	一片
母對母杜邦線	七條

接線圖：

本節要做按鈕開關及三色 LED 模組的控制，三色 LED 模組與 2-3 節所使用的三顆 LED 模組類似，不同之處為三色的 LED 做在同一包裝中，三種顏色分別為紅、藍及綠色，且為共陽極三色 LED。

首先按鈕開關模組接 D2 接腳，V 接任何的 5V 接腳，R 接 D7 的 S 接腳，B 接 D8 的 S 接腳，G 接 D9 的 S 接腳，按照依照下圖連接完成，準備繼續撰寫程式。

注意：此處 G 腳位為 Green 的意思，並非為 GND 負極的意思。

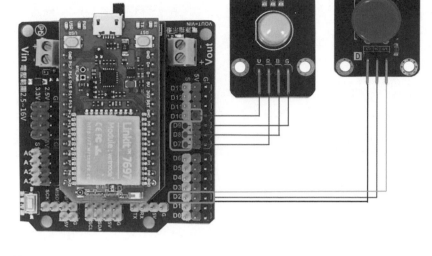

延伸學習：

2-2 節中提過 LED 的接腳有分長腳及短腳，長腳叫做陽極，短腳叫做陰極，長腳接正電源，也就是電池的正端 (+)，短腳接負電源，也就是電池的負端 (-)，LED 就會發亮。

短腳　　長腳
陰極　　陽極

三色 LED 是把三顆 LED 做在同一個包裝，如果 LED 的陽極全部接在一起，再拉出一個共同的接腳，此種 LED 稱為共陽極三色 LED，如果是陰極接在一起，則稱為共陽極三色 LED。

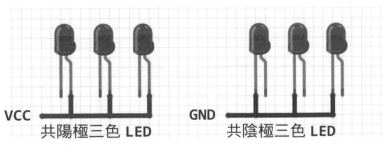

VCC　　　　　　　　　　　　　GND
共陽極三色 LED　　　　　共陰極三色 LED

要讓共陽極三色 LED 發亮，必須讓公共接腳 VCC 接正電源，其他接腳接負電源；共陰極三色 LED 正好相反，公共接腳 GND 接負電源，其他接腳接正電源。本節使用共陽極三色 LED，所以公共接腳 VCC 要接 5V(紅色) 接腳，其他接腳接 S(黃色) 接腳，再由程式送出低電位，則該接腳接上的 LED 就會被點亮。

新增積木說明：

選單	積木	說明
序列埠 I/O	初始化序列埠 9600 ▾	初始化序列埠積木，功用為設定序列埠的傳輸速率，可調整的參數是傳輸的速率，速率越高傳輸速度越快，反之亦然。
序列埠 I/O	序列埠印出 " ▢ "	序列埠印出積木，功用為在電腦序列埠監視視窗顯示，參數為顯示的文字，但顯示後不換行。
序列埠 I/O	序列埠印出（換行） " ▢ "	序列埠印出（換行）積木，功用為在電腦序列埠監視視窗顯示，參數為顯示的文字，顯示後換行。
數位 I/O	數位讀取 Pin 0 - UART ▾	數位讀取積木，功用為取得連接數位接腳的數值，可調整的參數為數位接腳的編號。
邏輯	★ 如果 執行	如果積木，功用為如果條件參數是正確則做執行範圍中的程式積木，如果參數條件是錯誤則往下方積木繼續執行，條件參數要放置在本積木標示如果的右方缺口。
邏輯	★ 如果 執行 否則	如果否則積木，功用為如果條件參數是正確則做執行範圍中的程式積木，如果參數條件是錯誤則做否則範圍中的程式積木，條件參數要放置在本積木標示如果的右方缺口。本積木由如果積木修改而成。

本節程式分為序列埠顯示、按鈕開關輸入及按鈕開關控制 LED 程式三個部分，序列埠顯示程式說明透過序列埠顯示的方法；按鈕開關輸入測試程式使用序列埠顯式指令，顯示按鈕開關的輸入值；按鈕開關控制 LED 程式為利用按鈕開關的輸入值控制 LED 的亮滅。

序列埠顯示積木程式 (程式 2_4_1)：

1. 由「序列埠 I/O」選單中拖曳初始化序列埠積木，傳輸速度參數使用預設值，放在初始化積木中。

2. 由「序列埠 I/O」選單中拖曳序列埠印出積木，顯示參數改為 "第一個顯示文字"，加入重複執行積木中。

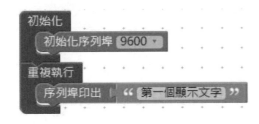

3. 由「時間」選單中拖曳延遲毫秒積木，時間參數使用預設值，即延遲 1 秒，依序加入重複積木。

4. 由「序列埠 I/O」選單中拖曳序列埠印出積木，顯示參數改為 "第二個顯示文字"，依序加入重複積木。

5. 由「時間」選單中拖曳延遲毫秒積木，時間參數使用預設值，依序加入重複積木。

6. 由「序列埠 I/O 選單」中拖曳序列埠印出（換行）積木，顯示參數改為 "第三個顯示文字"，依序加入重複積木。

7. 由「時間」選單中拖曳延遲毫秒積木，時間參數使用預設值，依序加入重複積木。

8. 由「序列埠 I/O」選單中拖曳序列埠印出（換行）積木，顯示參數改為 "第四個顯示文字"，依序加入重複積木。

9. 由「時間」選單中拖曳延遲毫秒積木，時間參數使用預設值，依序加入重複積木，完成序列埠顯示程式。

序列埠顯示程式說明：

　　簡單的序列埠顯示測試程式，首先設定序列埠傳輸速度，設定積木要放在初始化積木中，接著連續兩個序列埠印出積木，最後連續兩個序列埠列印（換行）積木，執行時可觀察沒有換行與換行的差別，另外列印積木中間加入延遲時間積木，可以讓顯示變化時間加長，方便我們觀察。

序列埠顯示執行結果：

　　想要在電腦中觀察序列埠顯示內容，需要點選 BlocklyDuino 工具列的「啟動序列埠視窗」按鈕，即會跳出序列埠視窗。

第 **1** 章
LinkIt 7697 及
BlocklyDuino V3 簡介

第 **2** 章
基礎感測模組

第 **3** 章
進階感測模組

第 **4** 章
BLE 藍牙控制

第 **5** 章
WiFi 控制

在筆者的教學過程中，每當學員第一次看到序列埠顯示的結果，總是發出驚呼，怎麼顯示結果跟想像的完全不同?!原因是序列埠印出積木功能為『顯示後不換行』，序列埠印出（換行）積木功能為『顯示後會換行』，"第一個顯示文字"顯示後不換行，"第二個顯示文字"會接著繼續顯示，顯示後依然不換行，所以"第三個顯示文字"會接著繼續顯示，不過"第三個顯示文字"的所用的積木是序列埠印出（換行）積木，所以"第三個顯示文字"顯示後會換行，接著顯示的"第四個顯示文字"換到下一行顯示，待"第四個顯示文字"完又換行，程式執行又回到顯示"第一個顯示文字"，結論是換行積木是顯示後再換行。

接著我們想知道按鈕開關模組輸入到 7697 是什麼？學會了序列埠印出積木，我們知道可以使用序列埠印出積木顯示結果，以作為後續撰寫程式的依據。

按鈕開關輸入積木程式 (2_4_2)：

1. 由「序列埠 I/O」選單中拖曳初始化序列埠積木，傳輸速度參數使用預設值，放在初始化積木中。

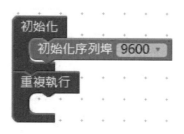

2. 由「序列埠 I/O」選單中拖曳序列埠印出（換行）積木，並將預設參數丟到垃圾桶，再放於重複執行積木中。

3. 由「數位 I/O」選單中拖曳數位讀取積木，並將接腳參數調整為「2」。

數位讀取 Pin 2

4. 將調整完成之數位讀取積木加入序列埠印出積木中，作為顯示參數。

5. 由「時間」選單中拖曳延遲毫秒積木，參數使用預設值，依序加入重複執行積木。

按鈕開關輸入程式說明：

想要觀察按鈕開關輸入給 7697 的數值是多少，直覺地把按鈕開關輸入值透過序列埠顯示出來，不過程式中加入延遲 1 秒積木，在程式執行時可讓顯示速度變慢，方便我們觀察。另外序列埠印出積木所帶出的內建參數是可更換積木型，可以更換其他的參數積木。

按鈕開關輸入執行結果：

觀察序列埠視窗，當放開按鈕時顯示『1』(高電位)，當按下按鈕時顯示『0』(低電位)。

在了解按鈕開關輸入給 7697 的數值後，我們可以利用判斷方式，
透過按鈕開關控制 LED 的亮滅。

按鈕開關控制 LED 積木程式 (2_4_3)：

1. 由「數位 I/O」選單中拖曳數位寫入積木，把接腳參數設定為「7」，
   本節使用共陽極的三色 LED 模組，所以狀態參數使用高電位，放在
   初始化積木中，確保程式一開始執行時接腳 7 為熄滅的 LED。

2. 由「邏輯」選單中拖曳如果積木到編輯區，準備調整成如果否
   則積木。

3. 點選如果積木左上角的星星，會彈出新視窗，將視窗左邊的否
   則積木拖曳到右邊如果積木中，如果積木會變成如果否則積木，
   接著再點選如果否則積木左上角的星星，收回彈出的視窗。

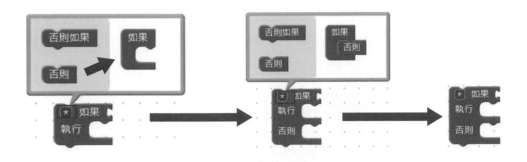

4. 將調整完成的如果否則積木放在重複執行積木中。

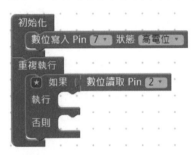

5. 由「數位 I/O」選單中拖曳數位讀取積木,並將接腳參數調整為「2」,最後加入如果否則積木的條件參數。

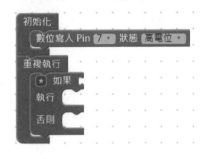

6. 由「數位 I/O」選單中拖曳數位寫入積木,並將接腳參數設定為「7」,狀態參數設定為「高電位」,放在如果否則積木的執行區域中。

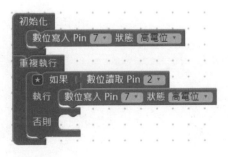

7. 由「數位 I/O」選單中拖曳數位寫入積木，並將接腳參數設定為
「7」，狀態參數設定為「低電位」，放在如果否則積木的否則
區域中，完成按鈕開關控制 LED 程式。

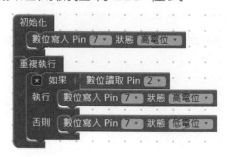

按鈕開關控制 LED 程式說明：

經由前述程式的測試，我們清楚知道，按鈕開關輸入給 7697 的數
值是只有兩種變化的 0 與 1，條件參數正確代表『真』記作『1』，條
件參數錯誤代表『假』記作『0』，而如果否則積木是根據條件參數正
確還是錯誤，決定後續要執行的程式，所以程式每次執行都在測試按
鈕開關輸入是 1 還是 0，如果是 1，放開按鈕時，則作執行區域的積木，
也就是讓 LED 熄滅，如果是 0，按下按鈕時，則作否則區域的積木，也
就是讓 LED 發亮。

後面的章節還會持續介紹如果否則積木，作更複雜的判斷，作判
斷在程式設計中非常重要，也極為常用，這種利用條件參數為真或假，
而決定執行不同的程式，稱為選擇結構。

按鈕開關控制 LED 執行結果：

程式編譯燒錄完成後，當釋放按鈕開關則 LED 滅，當按下按鈕開
關則 LED 亮。

第 **1** 章
LinkIt 7697 及 BlocklyDuino V3 簡介

第 **2** 章
基礎感測模組

第 **3** 章
進階感測模組

第 **4** 章
BLE 藍牙控制

第 **5** 章
WiFi 控制

2-5　呼吸燈控制

　　數位控制只有兩種變化簡單易懂，但是真實世界卻不是只有兩種變化而已，例如溫度的變化或氣壓的大小都是在一段數字範圍之間的變化，要像在真實世界般的控制，不能只使用數位控制，還必須使用類比控制。

　　由類比輸出的積木可知 7697 類比輸出的大小為 0~255，不過此類比輸出又稱為模擬類比輸出，接線時還是接在數位接腳，模擬類比輸出可以視為輸出功率控制，本書使用共陽極三色 LED，當輸入值為 255 時，輸出功率為 0%，當輸入值為 127 時，輸出功率為 50%，其餘以此類推。

　　本節以類比輸出控制 LED 的亮度，我們可以讓 LED 逐漸亮起，再逐漸熄滅，過程像是呼吸一般，所以稱為呼吸燈。另外，呼吸燈的程式適合搭配迴圈結構，在後續的程式會對迴圈結構再詳細説明。

使用零件：

項目	數量
LinkIt 7697	一片
擴充板	一片
Micro USB 線	一條
按鈕開關模組	一片
三色 LED 模組	一片
母對母杜邦線	兩條

接線圖：

　　本節使用之三色 LED 模組與 2-4 節相同，但因為使用共陽極三色 LED 模組，若只寫其中一個腳位的程式，則其他兩隻腳位會為低電位而發亮然看不出來，故本範例只接三色 LED 模組 V 和 R。將 R 接 D7 的 S 接腳，V 接任何 5V 接腳，按照依照下圖連接完成，準備繼續撰寫程式。

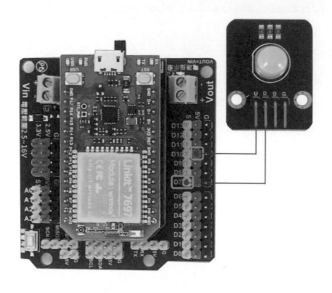

新增積木說明：

選單	積木	說明
類比 I/O	類比寫入 Pin 0 數值 (0 - 255) 0	類比寫入積木，功用為輸出類比數值到所連接的接腳。
邏輯	使用 i 從範圍 0 到 10 執行	計數變數迴圈積木，功用為讓本積木範圍裡的積木程式重複執行，重複的次數為計次變數 i 決定，迴圈第一次會將初始值參數 0 放入計數變數 i，判斷變數 i 的內容值是否超過終值參數 10，如果沒有就執行本積木範圍裡的積木程式，迴圈第二次將計數變數 i 的數值加 1，判斷變數 i 的內容值是否超過終值參數 10，如果沒有就執行本積木範圍裡的積木程式，如此重複迴圈，直到計次變數的值超過終值參數 10。
邏輯	當 真 執行	當迴圈積木，為功用為讓本積木範圍裡的程式重複執行，當參數中的判斷結果是正確 (真)。

第 **1** 章

LinkIt 7697 及
BlocklyDuino V3 簡介

第 **2** 章

基礎感測模組

第 **3** 章

進階感測模組

第 **4** 章

BLE 藍牙控制

第 **5** 章

WiFi 控制

邏輯		是否相等積木，功用為比較等號的兩邊是否相等，積木的參數為等於，可調整為大於 (>)、大於或等於 (≧)、小於 (<) 及小於或等於 (≦)。
變數		賦值變數積木，功用為設定新變數或存入變數的值。
變數		變數積木，功用為讀取變數的值。
數學		數字積木，功用為產生數字。
數學		算術運算積木，運算的種類有加、減、乘、除、次方、求餘數。

延伸學習：

變數是電腦的記憶體中的一塊區域，專門用來存放運算數值或資料，當變數產生後可存入數值，接下來新存入的數值會覆蓋舊的數值，程式中可用賦值變數積木存入變數的值。變數存入數值後，在需要時可將變數值讀出做運算，程式中可用變數積木讀取變數的值。

本節程式部分介紹多種程式寫法達到 LED 呼吸燈動作。

積木程式 (2_5_1)：

1. 由「類比 I/O」選單中拖曳類比寫入積木，把接腳參數設定為「7」，數值參數使用預設值，放在重複執行積木中。

2. 由「時間」選單中拖曳延遲毫秒積木，參數使用預設值，依序
   加入重複積木。

3. 由「類比 I/O」選單中拖曳類比寫入積木，把接腳參數設定為
   「7」，數值參數設定 "50"，依序加入重複執行積木。

4. 由「時間」選單中拖曳延遲毫秒積木，參數使用預設值，依序
   加入重複執行積木。

5. 持續重複步驟 3 及 4，類比寫入數值每次增加 "50"，直到數
   值變成 250。

第 **1** 章

LinkIt 7697 及
BlocklyDuino V3 簡介

第 **2** 章

基礎感測模組

第 **3** 章

進階感測模組

第 **4** 章

BLE 藍牙控制

第 **5** 章

WiFi 控制

程式說明：

　　要讓類比寫入的數值不斷地改變，最簡單的方式就是使用多個類比寫入積木，每個類比寫入基數的數值參數都不同，讓輸出數值不斷地產生變化。不過當積木數量小時，這種方法勉強可以應付，但是當積木數量變大時，觀察程式重複之處，改用迴圈的方式才是上策。

　　觀察程式撰寫過程，可以找到下圖中兩個積木會被重複使用，而且規則是積木相同，但類比寫入積木的數值是不同，不過該積木的數值參數是可替換的部分，我們找到規則後，繼續利用迴圈來把縮減程式。

執行結果：

　　程式編譯及燒錄後，LED 的亮度由最亮逐漸變低。

使用計次變數迴圈積木程式 (2_5_2)：

1. 由「序列埠 I/O」選單中拖曳初始化序列埠積木，傳輸速度參數使用預設值，放在初始化積木中。

2. 由「迴圈」選單中拖曳計數變數迴圈積木，放在重複執行積木中，該積木中已設有計數變數 i。

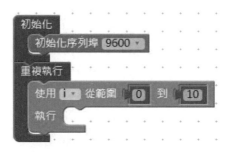

3. 將計數變數迴圈積木的終值參數改為 "255"。

4. 由「迴圈」選單中拖曳類比寫入積木，放在程式編輯區中，

5. 由「變數」選單中拖曳變數 i 積木，放在類比寫入積木之數值參數中，變數 i 積木會在使用計數變數迴圈積木後自動產生。

6. 將已設定完成的類比寫入積木，放在計數變數迴圈積木的執行區域中。

7. 由「序列埠 I/O」選單中拖曳序列埠印出（換行）積木，放在程式編輯區。

8. 將序列埠印出（換行）積木的參數換成變數 i 積木。

9. 把設定完成的序列埠印出（換行）積木加入計數變數迴圈積木的執行區域。

10. 由「時間」選單中拖曳延遲毫秒積木，參數設為 "400" ，依
　　序加入計數變數迴圈積木的執行區域。

使用計次變數迴圈程式說明：

　　利用計數變數迴圈積木把程式縮小很多，迴圈積木非常好用，不
過使用前得看出那些程式是重複。我們用計數變數迴圈積木在迴圈中
產生 0~255 之間的變化，這變化是調整計數變數迴圈積木的初始值及
終值參數得來的，迴圈開始時將初值 0 放入計數變數 i，比對該數值是
否超過終值 255，如果沒有超過則執行一次迴圈，下一次執行迴圈把計
數變數 i 的數值加 1 後存回變數，繼續比對是否超過終值 255，直到計
數變數 i 的數值超過終值 255，迴圈才會停止執行，所以使用計數變數
迴圈積木一定要謹慎設定初始值及終值參數。

　　程式中可以看到變數 i 積木，只要使用變數積木就可以讀取變數的
內容數值，所以程式中加入序列埠印出（換行）積木，目的是把迴圈執
行過程變數 i 積木的內容數值顯示在「序列埠視窗」中，我們可藉此觀
察變數內容值的變化。

使用計次變數迴圈執行結果：

　　由於計數變數迴圈積木每次只能將變數的數值增加 1，所以 LED
逐漸變暗的過程不是非常明顯，不過從「序列埠視窗」中，可以觀察
到計數變數 i 的累加變化，從 0 變化到 255，以及迴圈結束後，程式因
重複執行積木而重新執行迴圈，又從 255 回到 0 再繼續累加。

接下來我們使用另一種方式產生迴圈，讓迴圈中計數變數的累加值可以自由調整。

使用當迴圈積木程式 (2_5_3)：

1. 由「序列埠 I/O」選單中拖曳初始化序列埠積木，傳輸速度參數使用預設值，放在初始化積木中。

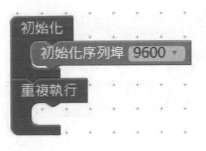

第**1**章
LinkIt 7697 及
BlocklyDuino V3 簡介

第**2**章
基礎感測模組

第**3**章
進階感測模組

第**4**章
BLE 藍牙控制

第**5**章
WiFi 控制

2. 由「變數」選單中拖曳賦值變數積木，放在程式編輯區中。

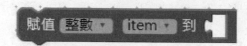

3. 點選變數名稱 item 旁的倒三角形符號，接著會彈出新視窗，接
   著點選「重新命名變數」。

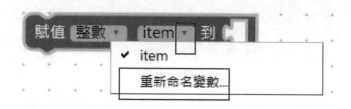

4. 鍵入 "Counter"，變數名稱取為 Counter，接著點選「OK」，
   完成建立新變數，產生新的賦值變數積木。

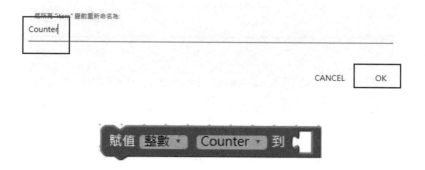

5. 將設定完成的賦值變數積木放在重複執行積木中，並由數學選
   單中拖曳數字積木放入賦值變數積木的參數中，把變數 Counter
   的內容值指派為 0。

6. 由「迴圈」選單中拖曳當迴圈積木，加入重複執行積木中。

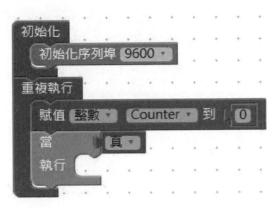

7. 將當迴圈積木的內建參數「真」丟到垃圾桶。

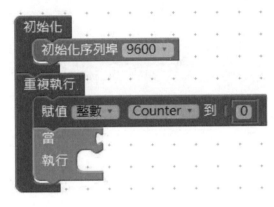

8. 由「邏輯」選單中拖曳是否相等積木，放在程式編輯區。

9. 點選是否相等積木參數中的倒三角形符號，會彈出新視窗，點選新視窗中的「小於或等於（≦）」，將積木修改成為是否小於或等於（≦）積木。

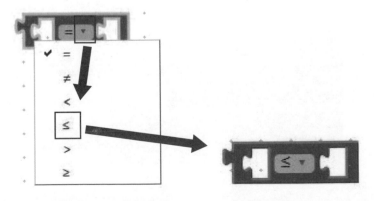

10. 由「變數」選單中拖曳變數 Counter 積木，放在是否小於或等於 (≦) 積木的左邊參數中，再由「數學」選單中拖曳數字積木，並將其中的數字修改成 "255"，放在是否小於或等於 (≦) 積木的右邊參數中，修改完成後變成判斷變數 Counter 是否小於或等於 255 積木。

11. 將已修改完成之是否小於或等於 (≦) 積木拼入當迴圈積木的條件參數，讓當迴圈積木判斷是否執行迴圈的條件設定為變數 Counter 是否小於或等於 255。

12. 由「類比 I/O」選單中拖曳類比寫入積木，並將接腳參數改為「7」，數值參數放入變數 Counter 積木，最後放在當迴圈積木的執行區域中。

13. 由「序列埠 I/O」選單中拖曳序列埠印出 (換行) 積木，並參數放入變數 Counter 積木，最後依序加入當迴圈積木的執行區域。

14. 由「數學」選單中拖曳算術運算積木，放在程式編輯區，並由「變數」選單中拖曳變數 Counter 積木放入左邊參數，再由「數學」選單中拖曳數字積木，數字改為 "5"，放入右邊參數。

15. 由變數選單中拖曳賦值變數 Counter 積木，放在程式編輯區，並將設定好的運算式放入參數，完成賦值變數 Counter。

16. 將已設定完成賦值變數積木依序加入當迴圈積木的執行區域。

17. 由「時間」選單中延遲毫秒積木，並將時間參數修改為 "400"，依序放入做為迴圈參數。

使用當迴圈程式說明：

本程式與前述程式功能相當，但程式寫法不同，首先重複執行積木中第一個賦值變數積木的作用是產生計數變數 Counter 並將初始值 0

指派給計數變數，接著當迴圈積木的作用是產生迴圈，並用條件參數判斷計數變數是否超過終值 255，如果超過終值則停止執行迴圈，而迴圈中利用賦值變數及運算式積木，讓計數變數在迴圈執行中每次增加 5，最後用計數變數的數值控制 LED 的亮度。

為何上圖的程式積木可完成能每次執行變數 Counter 內容值增加 5? 我們用下面兩張圖來説明，首先左圖是運算式部分，運算式把變數的內容數值加 5，迴圈一開始變數 Counter 的內容值為 0，把 Counter 的內容值 + 5 則會變成 0 + 5，運算結果為 5，接下來右圖是將運算式計算完畢後的數值指派給變數 Counter，運算式計算完畢的結果為 5，將 5 數值指派給變數 Counter，新存入變數 Counter 的數值 5，會覆蓋原本的數值 0，所以每執行一次迴圈，變數 Counter 會增加 5。

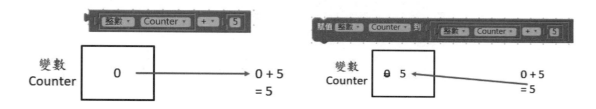

使用當迴圈執行結果：

程式編譯及燒錄完成後，LED 逐漸變暗，還有「序列埠視窗」顯示變數 Counter 的數值每次增加 5。

延伸學習 (2_5_4)：

　　眼尖的你應該已經發現「類比 I/O」跟「數位 I/O」選單中有相同的積木，如下圖，看似相同，其實還是不同之處，左邊積木的接腳參數是下拉式選單型，右邊積木的接腳參數是可更換積木型，但這有什麼差別？還不都是接腳的編號！我們繼續看下去就會知道哪裡不同了。

　　我們把前述的使用計數變數迴圈積木程式的類比寫入積木改為參數是可更換型，目前程式功能沒變，但是再加少許程式，功能會產生很大的變化。

　　將 7697 的接腳 D7、D8 及 D9 都接上 LED，只要能使程式中的接腳參數可以有 7 到 9 的變化，再加上原本的迴圈程式，就可以讓三顆 LED 依序逐漸熄滅，所以我們再加一個迴圈，讓變數 j 是 7 時變數 i 有 0~255 的變化，讓變數 j 是 8 時變數 i 也有 0~255 的變化，讓變數 j 是 9 時變數 i 也有 0~255 的變化，這種迴圈中還有迴圈的寫法叫做巢狀迴圈。神奇吧！短短幾塊積木竟然能產生這麼多的變化！當然有巢狀迴圈還得配合類比寫入積木，使用參數是可更換積木型。

最後為了每次重複執行開始時，三顆 LED 都要能熄滅，所以再加一個迴圈。

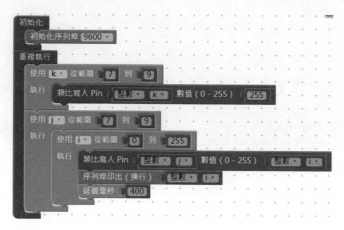

第 **1** 章
LinkIt 7697 及
BlocklyDuino V3 簡介

第 **2** 章
基礎感測模組

第 **3** 章
進階感測模組

第 **4** 章
BLE 藍牙控制

第 **5** 章
WiFi 控制

2-6　可變電阻控制 LED

　　使用類比寫入積木控制 LED 的亮度，此種控制對 7697 來説是屬於類比輸出，前面提過類比是符合真實世界，例如溫度、濕度及距離等都是屬於類比，所以有許多類比模組可將真實世界的各種變化傳送給 7697，讓 7697 也能感受真實世界的變化，由於此種類比模組是輸入給 7697 資料，所以叫做類比輸入模組。

　　類比輸入模組種類非常多，本節介紹最簡單的類比輸入模組叫做可變電阻模組，該模組的工作原理為可變化的電阻，會產生不同的電壓，這些電壓輸入到 7697 就會產生不同的對應數值，電壓越大對應的數值越大，反之亦然，該數值之最小值為 0，最大值為 4095。

　　本節以可變電阻模組作為輸入，將電阻值轉換為電壓值，輸入給 7697 轉換為數值，再經處理或運算後，使用結果輸出控制 LED 的亮滅。下圖在 2-4 中也出現過，事實上電腦系統跟這張圖片的結構是相同，電腦系統透過輸入單元取得資料，經過處理及運算，輸出結果給人們使用。

輸入模組　　　　　　　　　　　　　　　　　　　　輸出模組

7697 的類比輸入數值範圍為 0~4095，而類比輸出範圍為 0~255，如果要用輸入的數值直接控制類比輸出，無法直接對應，我們可以透過數學運算做映射，或者使用專用的映射數值積木解決。

數學運算做映射要經過兩個步驟，首先將輸入值由 0~4095 轉換成 0~1 之間的數值，也就是輸入值除以 4095，再把數值放大到所需要的範圍 0~255，也就是再乘以 255，轉換的運算式如下：

$$（ 輸入值 / 4095 ）* 255$$

直接使用映射數值積木的部分會在後續說明。

使用零件：

項目	數量
LinkIt 7697	一片
擴充板	一片
Micro USB 線	一條
三色 LED 模組	一片
母對母杜邦線	七條

接線圖：

本節使用之三色 LED 模組與 2-4 節相同，將 R 接 D7 的 S 接腳，B 接 D8 的 S 接腳，G 接 D9 的 S 接腳，V 接任何 5V 的接腳，不過可變電阻模組是類比輸入模組，要接在類比接腳，我們選擇接在 A0 接腳，照依照下圖連接完成，準備繼續撰寫程式。

另外 7697 類比接腳接受 0~2.5V 對應 0~4095，若輸入電壓超過 2.5V 則 7697 會視為 4095，本節中可變電阻模組的電源使用 5V，所以實作時可將電阻轉到一半輸出數值就會到達 4095，如果要解決此問題，可將可變電阻之電源改接 2.5V。

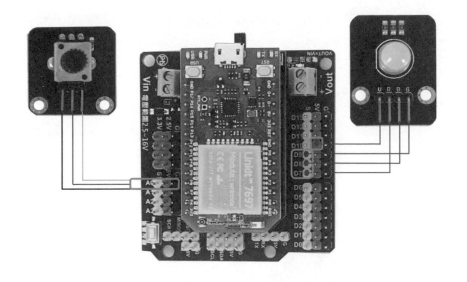

第1章
LinkIt 7697 及
BlockIyDuino V3 簡介

第2章
基礎感測模組

第3章
進階感測模組

第4章
BLE 藍牙控制

第5章
WiFi 控制

新增積木說明：

選單	積木	說明
類比 I/O	類比讀取 Pin A0	類比讀取積木，功用為讀取類比接腳的數值。
數學	型別轉換 整數	型別轉換積木，功用為資料型別的轉換，常用的型別有整數、浮點數及字元。
數學	映射 數值 由低 0 由高 1023 至低 0 至高 255	映射數值積木，功用為將某個區間的數值映射到另一個區間，例如：由 0~4095 映射到 0~255，參數有輸入變數，輸入區間，輸出區間。
邏輯	且	邏輯運算積木，功用為兩個條件判斷是否正確，其運算有且運算及或運算。

　　本節要介紹三個程式，首先可變電阻輸入程式是可變電阻輸入測試，輸入數值可由序列埠視窗印出，可觀察可變電阻的輸入數值的大小，第二個程式是使用可變電阻直接控制 LED 亮度程式，以可變電阻的輸入數值控制 LED 的亮度，最後使用可變電阻分段控制 LED 程式，

以可變電阻的輸入數值控制三顆 LED 的亮滅，當輸入數值為 0~1000 時紅燈亮，當輸入數值為 1001~2000 時綠燈亮，其餘藍燈亮，這個程式會介紹如果積木的進階使用。

可變電阻輸入積木程式 (2_6_1)：

1. 由「序列埠 I/O」選單中拖曳初始化序列埠積木，傳輸速度參數使用預設值，放在初始化積木中。

2. 由「序列埠 I/O」選單中拖曳序列埠印出（換行）積木，放在重複執行積木中。

3. 將序列埠印出（換行）積木之參數換為類比讀取積木，其接腳參數使用預設值。

4. 由「時間」選單中拖曳延遲毫秒積木,並將時間參數改為 "400" ,依序加入重複執行積木。

可變電阻輸入程式說明:

　　將類比接腳 A0 輸入的數值用序列埠視窗顯示,我們可以在序列埠視窗觀察到結果,當取得新的模組時,可以做簡單的測試,觀察模組的輸入模式,以利後續的撰寫。

可變電阻輸入執行結果:

　　程式編譯及燒錄完成後,將可變電阻的電阻值,由最小調到最大,序列埠視窗顯示調整過程中,A0 讀到數值的由小慢慢變大的變化。

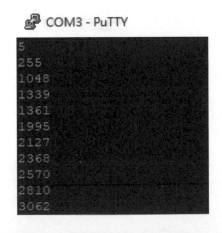

使用可變電阻直接控制 LED 亮度積木程式 (2_6_2):

1. 由「序列埠 I/O」選單中拖曳初始化序列埠積木,傳輸速度參數使用預設值,放在初始化積木中。

第1章
LinkIt 7697 及 BlockkyDuino V3 簡介

第2章
基礎感測模組

第3章
進階感測模組

第4章
BLE 藍牙控制

第5章
WiFi 控制

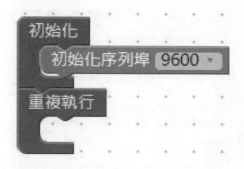

2. 由「類比 I/O」選單中拖曳三個類比寫入積木，並分別接腳參數改為「7」、「8」及「9」，數值參數全部改為 "255"，依序放入初始化積木，讓 LED 全滅。

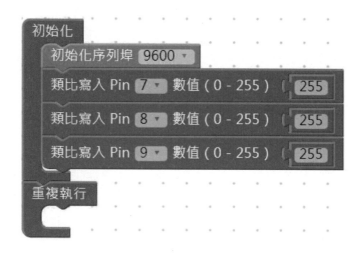

3. 由「變數」選單拖曳賦值變數積木，並將變數名稱參數設定為「VR」，放在重複執行積木中。

4. 由「類比I/O」選單中拖曳類比讀取積木，接腳參數使用預設值，最後加入賦值變數積木的參數中。

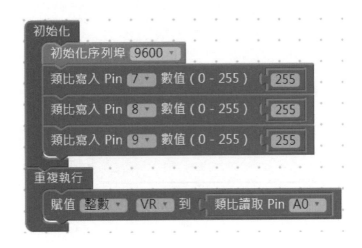

5. 由「變數」選單拖曳賦值變數積木，並將變數名稱參數設定為「Map」，加入重複執行積木。

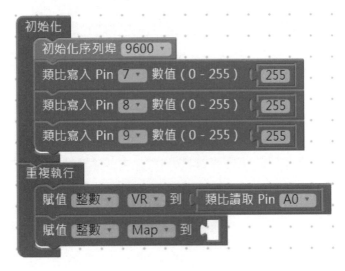

6. 由「數學」選單拖曳算術運算積木，放到程式編輯區。

7. 將算術運算積木的運算參數由加法調整為「除法」。

8. 由「數學」選單中拖曳型別轉換積木，將型別參數修改成「浮點數」，再由「變數」選單中拖曳變數 VR 積木，加入參數中，把整數變數 VR 的內容值變成浮點數，亦即有小數點的數值，後續計算除法時才不會被刪除小數的部分。

注意：變數型別為整數，只能存放整數，如果要存放有小數數值，其小數部分會被刪除，變數型別為浮點數，可存放具有小數部分的數值。

9. 由修改型別後的變數 VR 積木，放在算術運算積木左邊參數中，再由「數學」選單中拖曳數字積木，將數字改為 "4095" 後，放在算術運算積木右邊參數中。

10. 由「數學」選單中再拖曳算術運算積木，放在程式編輯區。

11. 將算術運算積木的運算參數由加法調整為「乘法」。

12. 將步驟 7 完成之積木放在乘法運算左邊的參數。

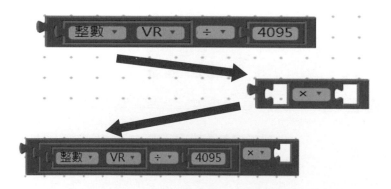

13. 由「數學」選單中拖曳數字積木，將數字改為 "255" ，並放入乘法運算積木的右邊參數，完成『(VR / 4095) * 255』運算式積木程式。

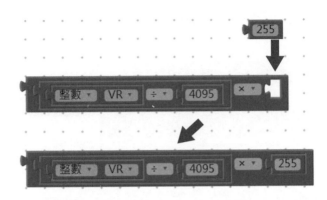

注意：運算式積木沒有括弧可用，積木運算的先後順序是由內層向外層做運算，亦即最內層最先運算，依序算到最外層，以步驟 11 完成的運算式為例，最內層是 VR/4095，所以除法最先運算，接下來才是做乘法的運算。

14. 將設定完成的運算式放在賦值變數 Map 積木的參數中，由於變數 Map 的型別為整數，賦值整數變數可將計算完成的小數刪除。

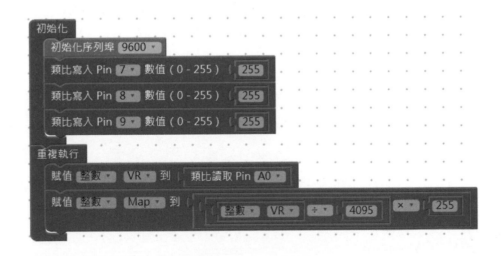

15. 由「類比 I/O」選單拖曳類比寫入積木，將接腳參數修改為「7」，再由「變數」選單中拖曳變數 Map 積木，放在類比寫入積木的數值參數中。

第 **1** 章
LinkIt 7697 及 BlocklyDuino V3 簡介

第 **2** 章
基礎感測模組

第 **3** 章
進階感測模組

第 **4** 章
BLE 藍牙控制

第 **5** 章
WiFi 控制

```
初始化
  初始化序列埠 9600
  類比寫入 Pin 7 數值 ( 0 - 255 )  255
  類比寫入 Pin 8 數值 ( 0 - 255 )  255
  類比寫入 Pin 9 數值 ( 0 - 255 )  255
重複執行
  賦值 整數 VR 到  類比讀取 Pin A0
  賦值 整數 Map 到  整數 VR ÷ 4095 × 255
  類比寫入 Pin 7 數值 ( 0 - 255 )  整數 Map
```

16. 由「序列埠 I/O」選單拖曳序列埠印出 (換行) 積木，再由「變數」
選單拖曳變數 Map 積木，加入序列埠印出 (換行) 積木的參數中。

```
初始化
  初始化序列埠 9600
  類比寫入 Pin 7 數值 ( 0 - 255 )  255
  類比寫入 Pin 8 數值 ( 0 - 255 )  255
  類比寫入 Pin 9 數值 ( 0 - 255 )  255
重複執行
  賦值 整數 VR 到  類比讀取 Pin A0
  賦值 整數 Map 到  整數 VR ÷ 4095 × 255
  類比寫入 Pin 7 數值 ( 0 - 255 )  整數 Map
  序列埠印出 ( 換行 )  整數 Map
```

使用可變電阻直接控制 LED 亮度程式說明：

使用可變電阻輸入的數值控制 LED 的亮度，應該是十分簡單，不過輸入值無法直接對應輸出，所以必須經過程式運算，首先將接腳 A0 讀取到的數值指派給變數 VR，接著將變數 VR 的內容值做轉換運算，運算結果再指派給變數 Map，讓變數 Map 的內容值在 0~255 之間，最後使用變數 Map 的內容值控制 LED 的亮度，並且顯示在序列埠的視窗。

使用可變電阻直接控制 LED 亮度執行結果：

調整可變電阻，可改變輸出到 A0 的數值，該數值可控制 LED 的亮度，序列埠視窗顯示調整的過程。

COM3 - PuTTY

```
47
47
47
47
48
48
48
48
48
```

由調整可變電阻的電阻值，控制 LED 的亮度。

延伸學習 (2_6_3)：

映射轉換在 BlocklyDuino 中有專用的積木可以使用，不過當我們了解轉換的原理及方式，不論使用何種程式語言都可以做轉換，接著我們用上述程式來介紹映射數值積木如何使用。

1. 由「數學」選單中拖曳映射積木，調整參數為 "0"、"4095"、"0" 及 "255"，亦即為由 0~4095 映射到 0~255。

映射
數值
由低 0
由高 4095
至低 0
至高 255

2. 由「變數」選單中拖曳變數 VR 積木，加入映射積木中。

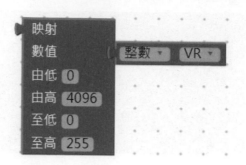

3. 把賦值變數 Map 積木的參數改成映射積木。

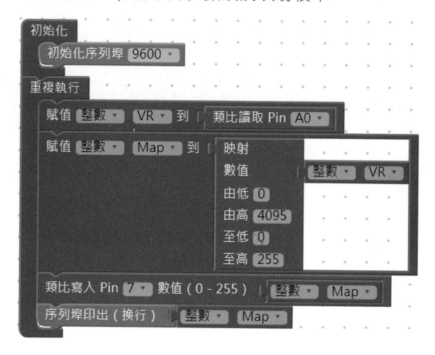

使用可變電阻分段控制 LED 積木程式 (2_6_4)：

1. 由「序列埠 I/O」選單中拖曳初始化序列埠積木，傳輸速度參數
   使用預設值，放在初始化積木中。

2. 由「數位 I/O」連續拖曳三個數位寫入積木，將接腳參數分別改
   為「7」、「8」及「9」，狀態參數全部改為「高電位」。

第 **1** 章

Linklt 7697 及
BlocklyDuino V3 簡介

第 **2** 章

基
礎
感
測
模
組

第 **3** 章

進
階
感
測
模
組

第 **4** 章

BLE 藍牙控制

第 **5** 章

WiFi 控制

3. 由「變數」選單中拖曳賦值變數積木，將變數名稱改為「VR」，
再由類比 I/O 選單中拖曳類比讀取積木，接腳參數使用預設值，
加入賦值變數 VR 的參數，最後放入重複執行積木中。

4. 由「序列埠 I/O」選單中拖曳序列埠印出（換行）積木，再由「變
數」選單中拖曳變數 VR 積木，加入序列埠印出（換行）積木的
參數中，最後依序加入重複執行積木。

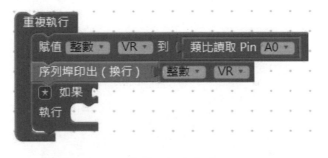

5. 由「邏輯」選單中拖曳如果積木，依序放入重複執行積木。

6. 由「邏輯」選單中拖曳是否相等積木，並改為是否大於或等於
（≧）積木，再由「變數」選單中拖曳變數 VR 積木，放在是否
大於或等於（≧）積木的左邊參數，再由「數學」選單中拖曳數
字積木，數字改成 "0"，放到是否大於或等於（≧）積木的右
邊參數，最後加入如果積木的條件參數。

7. 由「邏輯」選單中拖曳如果積木，放入步驟 6 的如果積木的執行區域中，再由「邏輯」選單中拖曳是否相等積木，並改為是否小於或等於積木，再由「變數」選單中拖曳變數 VR 積木，放在是否小於或等於（≦）積木的左邊參數，再由「數學」選單中拖曳數字積木，將數字改為 "1000"，放到是否小於或等於積木的右邊參數，最後加入如果積木的條件參數。

8. 由「數位 I/O」選單連續拖曳三個數位寫入積木，將接腳參數分別改為「7」、「8」及「9」，狀態參數分別改為「低電位」、「高電位」及「高電位」，放入如果積木的執行區域。

9. 由「邏輯」選單中拖曳如果積木，再由「邏輯」選單中拖曳是否相等積木，並改為是否大於 (>) 積木，再由「變數」選單中拖曳變數 VR 積木，放在是否大於 (>) 積木的左邊參數，再由「數學」選單中拖曳數字積木，將數字改為 "1000"，放到是否大於 (<) 積木的右邊參數，最後加入否則如果積木的條件參數，依序加入重複執行積木中。

10. 由「邏輯」選單中拖曳如果積木，放入步驟 9 的如果積木的執行區域中，再由「邏輯」選單中拖曳是否相等積木，並改為是否小於或等於 (≦) 積木，再由「變數」選單中拖曳變數 VR 積木，放在是否小於或等於 (≦) 積木的左邊參數，再由「數學」選單中拖曳數字積木，將數字改為 "2000"，放到是否小於或等於 (≦) 積木的右邊參數，最後加入如果積木的條件參數。

11. 由「數位 I/O」連續拖曳三個數位寫入積木，將接腳參數分別改為「7」、「8」及「9」，狀態參數分別改為「高電位」、「低電位」及「高電位」，放入如果積木的執行區域。

第 1 章
LinkIt 7697 及 BlocklyDuino V3 簡介

第 2 章
基礎感測模組

第 3 章
進階感測模組

第 4 章
BLE 藍牙控制

第 5 章
WiFi 控制

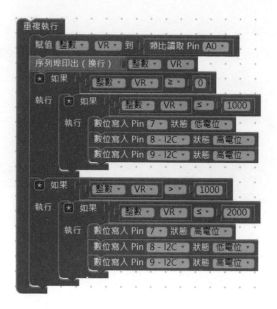

12. 由「邏輯」選單中拖曳如果積木，再由「邏輯」選單中拖曳是否相
等積木，並改為是否大於 (>) 積木，再由「變數」選單中拖曳變數 VR
積木，放在是否大於 (>) 積木的左邊參數，再由「數學」選單中拖曳
數字積木，將數字改為 "2000"，放到是否大於 (>) 積木的右邊參數，
最後加入否則如果積木的條件參數，依序加入重複執行積木中。

13. 由「數位 I/O」連續拖曳三個數位寫入積木，將接腳參數分別改為「7」、「8」及「9」，狀態參數分別改為「高電位」、「高電位」及「低電位」，放入如果積木的執行區域。

使用可變電阻分段控制 LED 程式說明：

整個程式的重點在如果積木，如果積木之中還有另一個如果積木的結構叫做「巢狀結構」，程式由上往下觀察：

1. 第一個如果積木要判斷變數 VR 是否大於或等於 0，其內部如果積木要判斷變數 VR 是否小於或等於 1000，能符合這兩個條件的數值為 0~1000，變數 VR 的內容值為此區間的數值則讓紅色 LED 亮。

2. 第二個如果積木要判斷變數 VR 是否大於 1000，其內部如果積木要判斷變數 VR 是否小於或等於 2000，能符合這兩個條件的數值為 1001~2000，變數 VR 的內容值為此區間的數值則讓綠色 LED 亮。

3. 第三個如果積木要判斷變數 VR 是否大於 2000，能符合這兩個條件的數值為 2000~4095，變數 VR 的內容值為此區間的數值則讓藍色 LED 亮。

第 1 章
LinkIt 7697 及 BlocklyDuino V3 簡介

第 2 章
基礎感測模組

第 3 章
進階感測模組

第 4 章
BLE 藍牙控制

第 5 章
WiFi 控制

使用可變電阻分段控制 LED 執行結果：

調整可變電阻值的大小，由小慢慢變到大，LED 也會由紅色轉為藍色，再轉為綠色。

延伸學習 (2_6_5)：

下圖 1 > 0 積木是否正確？答案是正確。

下圖 0 = 0 積木是否正確？答案也是正確。

兩個積木要同時判斷是否正確，可以使用且運算。

下圖積木為 1 > 0 而且 0 = 0 是否正確？1 > 0 是正確，另外 0 = 0 是正確，所以 1 > 0 而且 0 = 0 也是正確。

前述的如果巢狀結構是做兩個條件的判斷，例如變數 VR 是否在 0~1000 之間，要做下圖兩個積木的判斷。

　　兩個積木要同時判斷是否正確，可以使用且運算，組合完成即成下圖積木，只有一個積木，我們使用這個判斷積木，可將如果巢狀結構可簡化成只用一個如果積木。

　　使用上圖積木，我們可以重新改寫使用可變電阻分段控制 LED 程式，結果如下：

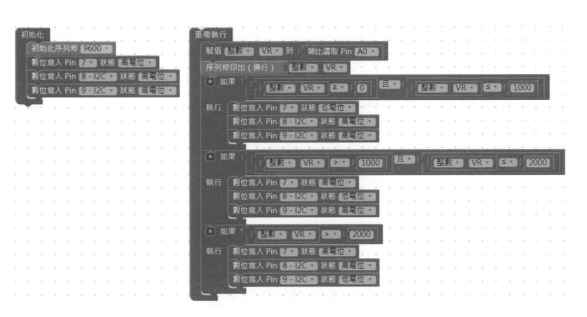

第**1**章
LinkIt 7697 及
BlocklyDuino V3 簡介

第**2**章
基礎感測模組

第**3**章
進階感測模組

第**4**章
BLE 藍牙控制

第**5**章
WiFi 控制

2-7   延伸練習

2-1 可變電阻控制 LED

◎請拿出 7697 及擴充板，並指出其中數位接腳及類比接腳，
並數數看各有幾隻接腳

2-2 單顆 LED 控制

◎請用 Pin 7 接腳接 LED 模組並控制 LED 亮滅，其亮滅時間為
2 秒或 0.5 秒的時間。
◎請用 Pin 8 或 Pin 9 接腳接 LED 模組並控制 LED 的亮滅。

2-3 紅綠燈控制

◎請接三個 LED 模組，讓 LED 按照下列順序亮燈，亮完後要滅掉。
綠燈 -> 黃燈 -> 紅燈 -> 黃燈 -> 綠燈
◎請接三個 LED 模組，讓三顆 LED 依序亮滅 5 次。

2-4 按鈕開關控制 LED

◎請用按鈕開關控 LED 的亮滅，同時在序列埠也顯示按鈕開關
的狀態，當釋放按鈕顯示『釋放』。當按下按鈕顯示『按下』。
◎請用按鈕開關控制兩顆 LED 的亮滅，釋放按鈕時 LED1 亮，
按下按鈕時 LED2 亮。

2-5 呼吸燈控制

◎請用三色 LED 模組的 G 接腳或 B 接腳，重作呼吸燈的控制。
◎請設計一迴圈，讓迴圈中計數變數由 0 到 300 遞增變化，每
次增加 10，結果由序列埠顯示視窗中顯示。
◎請接 LED 模組，利用迴圈讓 LED 逐漸變亮，再逐漸變滅。

2-6 可變電阻控制 LED

◎請用可變電阻控制兩顆 LED 的亮度：

    (1) 可變電阻輸入數值為 0~1000 時，紅色 LED 半亮。

    (2) 可變電阻輸入數值為 1001~2000 時，紅色 LED 全亮。

    (3) 可變電阻輸入數值為 2001~3000 時，藍色 LED 半亮。

    (4) 可變電阻輸入數值為 3001~4095 時，藍色 LED 全亮。

第 **1** 章

LinkIt 7697 及
BlocklyDuino V3 簡介

第 **2** 章

基礎感測模組

第 **3** 章

進階感測模組

第 **4** 章

BLE 藍牙控制

第 **5** 章

WiFi 控制

▶▶▶ 第 **3** 章

進階感測模組

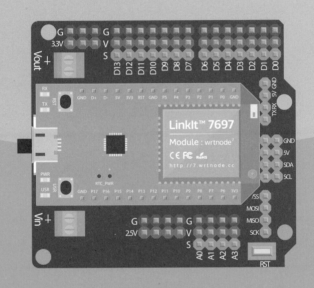

3-1　文字型 LCD

　　當我們把程式燒錄到 7697 之後，再提供適當的直流電源，7697 就可以開始正常工作，不需要一直連著電腦，而 7697 脫離電腦後，序列埠的顯示視窗就無法顯示 7697 列印的結果，所以要借助輸出模組顯示，目前最常用的輸出模組是 LED 模組，不過 LED 只能用亮或滅顯示兩種狀態，無法顯示複雜的訊息，這時我們就需要 LCD 模組來顯示訊息。

　　LCD(liquid crystal display) 的中文名稱是液晶顯示器，目前最常見的 LCD 是文字型 LCD，其顯示大小是 1602 及 2004，1602 表示顯示區域為 2 列，每列有 16 個字，2004 表示指顯示區域為 4 列，每列有 20 個字，目前 1602 及 2004 可以顯示英文及數字，無法顯示中文字。

　　文字型 LCD 常用 I^2C (inter-integrated circuit) 介面傳輸資料，I^2C 念作 I-squared-C，因為名字有兩個 I，所以取名 I 平方 C，不過在網路中常看到 IIC 或 I2C。I^2C 介面只需要兩條線 SCL 及 SDA，就可以傳輸資料，在接線上非常方便，而且整個介面可連接 112 個裝置。

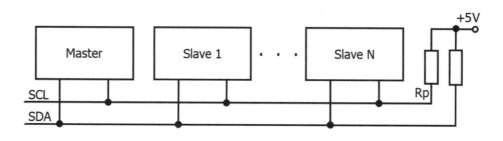

　　在 LCD 模組的背面可以看到處理 I^2C 介面的電路板，使用上有二處要注意：

1. 當背光短路 pin(jumper) 拿掉，背光電源會切斷，背光完全不亮；當背光短路 pin 裝著時，背光電源會啟動，我們也可以用程式控制背光是否發亮。
2. 如果看不清楚顯示幕上的字，可調整顯示對比旋鈕，直到文字顯示清楚。

背光 短路 pin　　　　顯示對比旋鈕

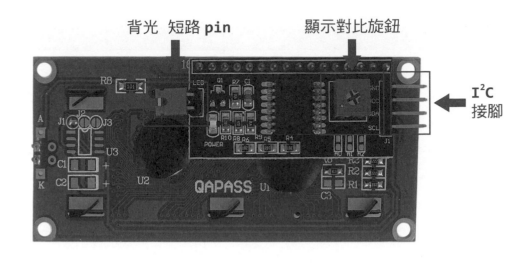

I²C
接腳

　　LCD 顯示程式撰寫順序首先設定游標位置，接著設定顯示文字內容，當程式執行時會從游標位置開始顯示，我們所熟知的第 1 列第 1 行位置，如下圖的紅色框線處，在 LCD 顯示的程式中是第 0 列第 0 行，其餘以此類推。1602 顯示範圍為 2 列 (0~1 列)，每列 16 個字 (0~15 行)，2004 顯示範圍為 4 列 (0~3 列)，每列 20 個字 (0~19 行)。

　　本節使用可變電阻控制 LED 亮度，並以 LCD 顯示 7697 從可變電阻讀取到的數值，以及 7697 輸出控制 LED 亮度的數值，值得注意的是，本節的實作可以讓 7697 脫離電腦，但仍能清楚看到 7697 執行程式的結果。

使用零件：

項目	數量
LinkIt 7697	一片
擴充板	一片
Micro USB 線	一條
LCD 顯示模組	一片
可變電阻模組	一片
三色 LED 模組	一片
母對母杜邦線	十一條

接線圖：

　　擴充板上特別設計 I²C 介面連接區，按照標示把 LED 模組跟 7697 連接，接著依序連接 RGB LED 及可變電阻模組，準備繼續撰寫程式。

注意：I²C 介面連接區的 SCL 接到 7697 的 D8，SDA 接到 7697 的 D9，所以有使用 LCD 時，感測器的接線不可以這兩個接腳。

新增積木說明：

選單	積木	說明
顯示模組 / 液晶顯示	初始化 液晶顯示 1602 訊號： I2C I2C位址 0x27	初始化液晶顯示積木，做液晶顯示初始化的設定，第一個參數設定顯示大小，第二個參數不可改變，第三個參數設定 I2C 的位址。
顯示模組 / 液晶顯示	液晶顯示 背光 開	液晶顯示背光控制積木，控制液晶顯示背光開或關。
顯示模組 / 液晶顯示	液晶顯示 清除畫面	液晶顯示清除畫面積木，清除整個液晶顯示畫面。
顯示模組 / 液晶顯示	液晶顯示 設定游標 行： 0 列： 0	液晶顯示設定游標積木，設定游標在液晶顯示的位置。
顯示模組 / 液晶顯示	液晶顯示 顯示 " HELLO "	液晶顯示積木，設定顯示文字。

積木程式 (3_1)：

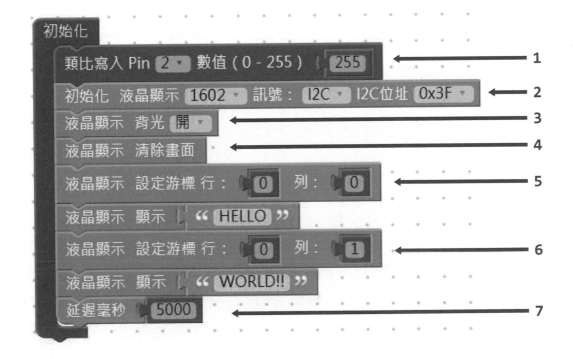

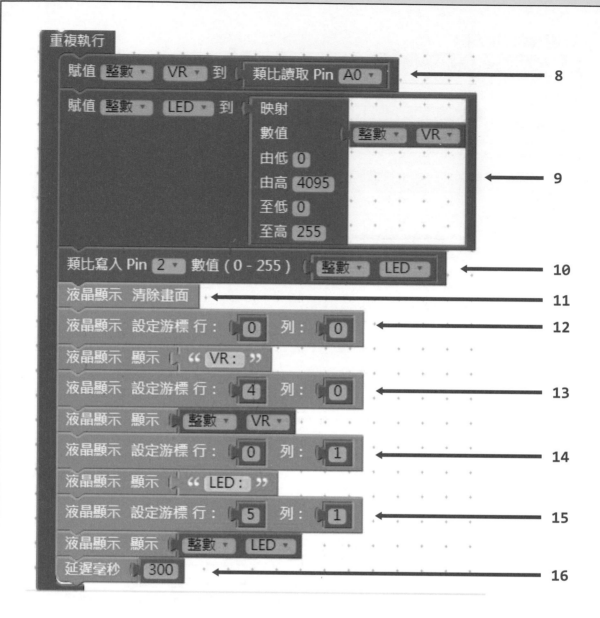

程式說明：

初始化部分：

1. D2 類比寫入數值 255，讓 LED 完全熄滅，作為 LED 初始化。

2. 設定 LCD 為 1602，I2C 地址為 0X3F，若無法顯示要更換地址。

3. 開啟 LCD 背光。

4. 清除 LCD 畫面，這個積木特別重要，LCD 顯示結果不會自動清除，要靠液晶顯示清除畫面積木清除。

5. 從第 0 列第 0 行開始顯示 "HELLO"。

6. 從第 1 列第 0 行開始顯示 "WORLD!!"。

7. 延遲 5 秒。

重複執行部分：

8. 讀取類比接腳 A0 的值，並指派給整數變數 VR。

9. 將整數變數 VR 的內容值從 0~4095 對應到 0~255，並指派給整
數變數 LED，因為從類比接腳 A0 讀到的數值範圍為 0~4096，
LED 控制輸出的範圍為 0~255。

10. 把整數變數 LED 的數值送到 D2 做類比寫入。

11. 清除 LCD 畫面。

12. 從第 0 列第 0 行開始顯示 "VR :"。

13. 從第 0 列第 4 行開始顯示整數變數 VR 的數值。

14. 從第 1 列第 0 行開始顯示 "LED:"

15. 從第 1 列第 9 行開始顯示整數變數 LED 的數值。

16. 延遲 0.3 秒。

初始化的部分主要清除 LCD 螢幕並顯示 "HELLO WORLD!!"，另外讓
LED 全滅。重複執行部分主要讀取 A0 的數值，並完成對應轉換，再用轉換
後的數值控制 LED 的亮度，LCD 顯示讀取 A0 的數值及對應轉換後的數值。
值得一提的是程式燒錄完成後，用行動電源供電，不需要接著電腦，7697
就可以正常工作。

執行結果：

初始化程式執行後，LCD 顯示 "HELLO WORLD!"

第 **1** 章
LinkIt 7697 及 BlocklyDuino V3 簡介

第 **2** 章
基礎感測模組

第 **3** 章
進階感測模組

第 **4** 章
BLE 藍牙控制

第 **5** 章
WiFi 控制

重複執行程式執行後，LCD 第 0 列顯示由可變電阻讀取的數值，
LCD 第 1 列顯示轉換後送至接腳 A0 控制 LED 的數值。

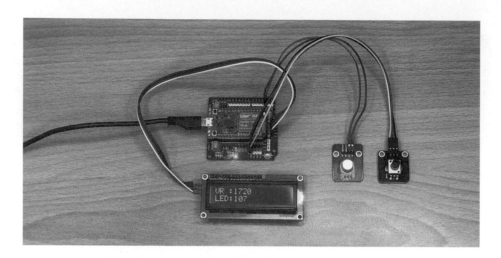

第 **1** 章

LinkIt 7697 及
BlocklyDuino V3 簡介

第 **2** 章

基礎感測模組

第 **3** 章

進階感測模組

第 **4** 章

BLE 藍牙控制

第 **5** 章

WiFi 控制

3-2　溫溼度計

　　DHT 系列是價格低廉且容易使用的溫溼度感測器，常見有 DHT11、DHT21 及 DHT22 三種，DHT 系列溫溼度感測器的輸出也是數位串列式，特點是輸出只需要一條線就可傳輸，有人把 DHT 系列感測器稱為一線感測器，本書介紹 DHT11 為主。

　　DHT11 為數位串列式輸出，溫度量測範圍為 0~50 度，精確度為 ±2 度，濕度範圍量測為 20~80%，精確度 ±5%。DHT11 共有三隻接腳，分別為 VCC、GND 及 DAT，溫溼度資料輸出為 DAT 接腳，所以接線時 DAT 接腳要接 7697 的 S 接腳，VCC 及 GND 分別接 7697 的 V 及 G 接腳。

　　中央氣象局為了讓大眾瞭解天氣的冷熱情形，參考了國外的經驗，利用氣溫將天氣舒適度分為六級指數，本節以 DHT11 搭配 1602 LCD 做溫溼度計，另外，再加上按鈕開關做切換溫溼度數值跟天氣舒適度的顯示。

氣溫℃	10 以下	11~15	16~19	20~26	27~30	31 以上
舒適度	非常寒冷 very cold	寒冷 cold	稍有寒意 cool	舒適 comfortable	悶熱 sultry	易中暑 easy to get heat stroke

使用零件：

項目	數量
LinkIt 7697	一片

擴充板	一片
Micro USB 線	一條
按鈕模組	一片
LCD 顯示模組	一片
DHT11 模組	一片
母對母杜邦線	十條

接線圖：

DHT11 的 DAT 接腳連接擴充板 D2 的 S 接腳，VCC 連接擴充板 D2 的 V 接腳，GND 連接擴充板 D2 的 G 接腳，其餘依照接線圖接線，準備繼續撰寫程式。

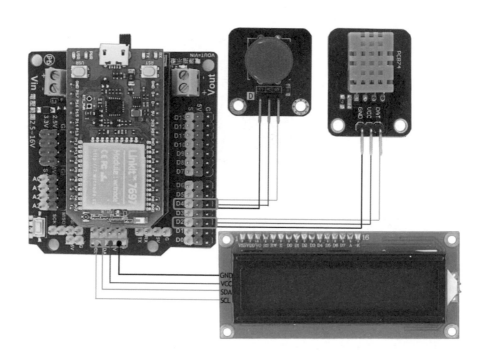

積木說明：

選單	積木	說明
感測模組 / 環境感測	溫溼度計 DHT11 ▾ 訊號：0 - UART ▾ 量測數值：相對濕度（%）▾	溫溼度積木，功用為取得 DHT 溫溼度計的溫度值或濕度值，第一個參數設定型號，第二個參數設定訊號接腳連接 7697 的接腳編號，第三個參數設定讀取溫度或濕度。

積木程式 (3_2)：

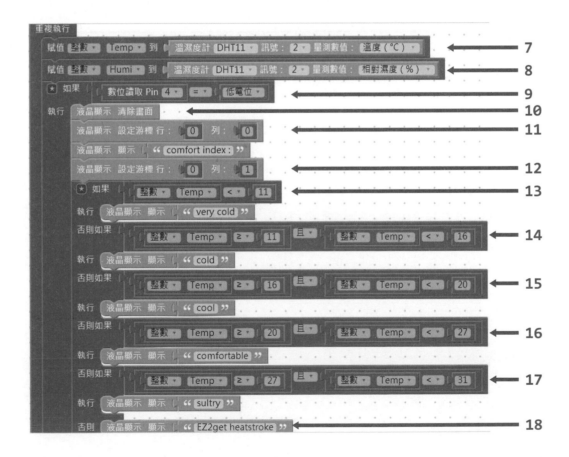

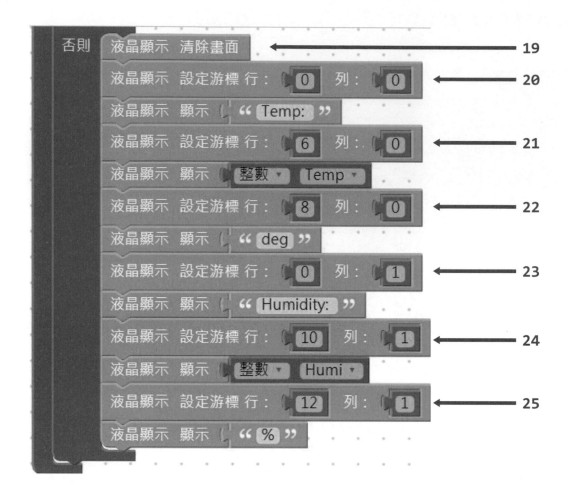

程式說明：

初始化部分：

1. 設定 LCD 為 1602，I^2C 地址為 0X3F，若無法顯示要更換位址。

2. 開啟 LCD 背光。

3. 清除 LCD 畫面，這個積木特別重要，LCD 顯示結果不會自動清除，要靠液晶顯示清除畫面積木清除。

4. 從第 0 列第 0 行開始顯示 "Hygrothermograph"。

5. 從第 1 列第 0 行開始顯示 "Start now!! "。

6. 延遲 5 秒。

重複執行部分：

7. 讀取 DHT11 溫度的值，並指派給整數變數 Temp。

8. 讀取 DHT11 濕度的值，並指派給整數變數 Humi。

9. 如果 D4 等於低電位（按按鈕時），則執行 10~18，否則（不按按鈕時）執行 19~25。

10. 清除 LCD 畫面。

11. 從第 0 列第 0 行開始顯示 "comfort index:"。

12. 把游標移至第 1 列第 0 行。

13. 如果整數變數 Temp 的內容值小於 11(10 以下包含 10)，則 LCD 顯示 "very cold"。

14. 否則如果整數變數 Temp 的內容值大於或等於 11，且 Temp 的內容值小 16(11 到 15 之間)，則 LCD 顯示 "cold"。

15. 否則如果整數變數 Temp 的內容值大於或等於 16，且 Temp 的內容值小 20(16 到 19 之間)，則 LCD 顯示 "cool"。

16. 否則如果整數變數 Temp 的內容值大於或等於 20，且 Temp 的內容值小 27(20 到 26 之間)，則 LCD 顯示 "comfortable"。

17. 否則如果整數變數 Temp 的內容值大於或等於 27，且 Temp 的內容值小 31(27 到 30 之間)，則 LCD 顯示 "sultry"。

18. 否則 (31 以上包含 31)LCD 顯示 "EZ2get heatstroke"。

19. 清除 LCD 畫面。

20. 從第 0 列第 0 行開始顯示 "Temp:"。

21. 從第 6 列第 0 行開始顯示整數變數 Temp 的內容值。

22. 從第 8 列第 0 行開始顯示 "deg"。

23. 從第 1 列第 0 行開始顯示 "Humidity:"

24. 從第 1 列第 10 行開始顯示整數變數 Humi 的內容值。

25. 從第 1 列第 12 行開始顯示 "%"。

初始化的部分主要清除 LCD 螢幕並顯示 "Hygrothermograph Start now!!"。重複執行部分主要是根據 D2 所接的按鈕是否有按下，如果沒有按下按鈕，則顯示 DHT11 的溫度及濕度；如果按下按鈕，則再根據 DHT11 的溫度值，顯示不同的舒適度指數。

執行結果：

初始化程式執行後，LCD 顯示 "Hygrothermograph Start now!!"。

重複執行程式執行後，未按按鈕開關，LCD 顯示溫溼度的數值。

按下按鈕改為顯示天氣舒適度。

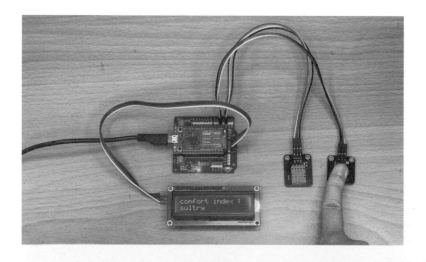

第 **1** 章

LinkIt 7697 及
BlocklyDuino V3 簡介

第 **2** 章

基礎感測模組

第 **3** 章

進階感測模組

第 **4** 章

BLE 藍牙控制

第 **5** 章

WiFi 控制

3-3 電子量尺

　　HC-SR04 是一款超音波感測器，常用於測量距離或是自走車躲避障礙物，有效量測距離為 2cm~400cm，解析度為 0.3cm。

　　HC-SR04 不是串列型的感測器，不過也是一種數位型的感測器，HC-SR04 有兩隻重要接腳，分別為 Trig 及 Echo 接腳，由 Trig 接腳輸入一個訊號，HC-SR04 會發出超音波訊號，當超音波碰到物體會反射，再由 HC-SR04 接收反射的超音波，最後由 Echo 接腳輸出一個高電壓的脈波，其寬度為超音波往返的時間，將往返時間除以 58 即可得 HC-SR04 與物體間的距離。

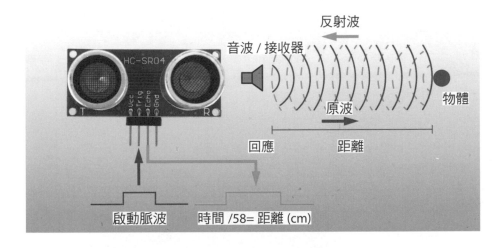

　　由於超音波有方向性，所以 HC-SR04 在使用時要把正面朝向偵測的方向。另外 Trig 及 Echo 接腳對應 7697 接腳的編號，可以在積木裡的參數指定。

　　本節用 LCD 及 HC-SR04 做電子量尺，另外再加上按鈕開關及蜂鳴器，可以變身成接近警告器，當有物體接近時，就會發出警告的嗶嗶聲。

使用零件：

項目	數量
LinkIt 7697	一片
擴充板	一片
Micro USB 線	一條

LCD 顯示模組	一片
HC-RS04 模組	一片
按鈕模組	一片
蜂鳴器模組	一片
母對母杜邦線	十四條

接線圖：

　　HC-SR04 的 Trig 接腳連接擴充板 D3，Echo 接腳連接擴充板 D2，VCC 及 GND 可接任一組 V 及 G 接腳，另外按鈕開關及蜂鳴器分別接 D5 及 D4，其餘依照接線圖接線，準備繼續撰寫程式

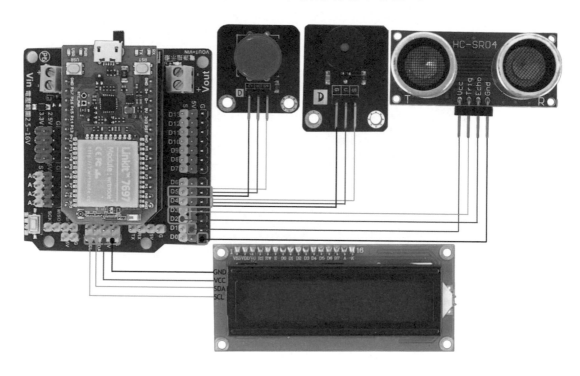

積木說明：

選單	說明
感測模組 / 距離感測	超音波測距積木，功用為取得 HC-SR04 所量得的距離，積木第一個參數是固定，第二個參數是 Trig 接腳連接到 7697 的接腳編號，第三個參數是 Echo 接腳連接到 7697 的接腳編號，第四個參數是設定量測距離的單位。
積木	超音波測距感應器 HC-SR04P ▼ 觸發腳（Trig） 0 - UART ▼ 回應腳（Echo） 0 - UART ▼ 量測數值： 公分 ▼

音調	音調積木，功用為讓蜂鳴器發出聲音，積木第一個參數是接腳編號，第二個參數是發出聲音的頻率，第三個參數是發出聲音的時間長度，單位為毫秒。
積木	音調 Pin [0] 頻率 [255] 時長（毫秒）[300]

積木程式 (3_3_1)：

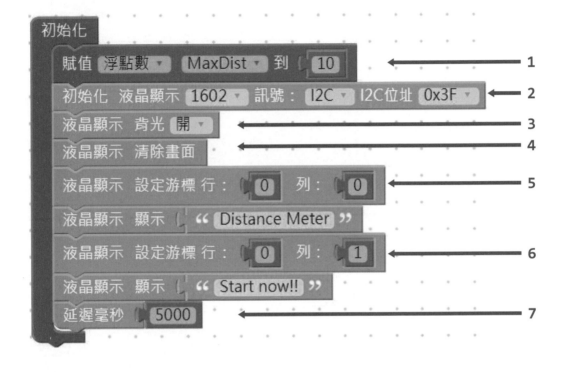

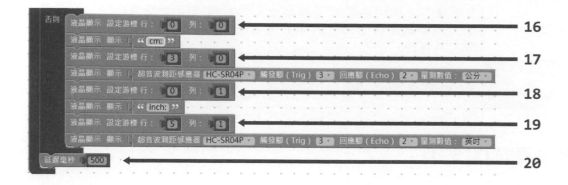

程式說明：

初始化部分：

1. 設定浮點數變數 MaxDist，並指派其內容值為 10，作為發出物體警報的距離。
2. 設定 LCD 為 1602，I2C 地址為 0X3F，若無法顯示要更換位址。
3. 開啟 LCD 背光。
4. 清除 LCD 畫面，這個積木特別重要，LCD 顯示結果不會自動清除，要靠液晶顯示清除畫面積木清除。
5. 從第 0 列第 0 行開始顯示 "Distance Meter"。
6. 從第 1 列第 0 行開始顯示 "Start now!!"。
7. 延遲 5 秒。

重複執行部分：

8. 清除 LCD 畫面。
9. 如果 D5 等於低電位（按按鈕時），則執行 10~15，偵測有無物體接近，否則（不按按鈕時）執行 16~19，顯示距離。
10. 從第 0 列第 0 行開始顯示 "Max Dist:"。
11. 從第 0 列第 9 行開始顯示浮點數變數 MaxDist 的內容值。
12. 如果浮點數變數 MaxDist 的內容值小於或等於 HC-SR04 所量得的距離，表示沒有物體接近，則執行 13，否則執行 14 及 15。
13. 從第 1 列第 0 行開始顯示 "Normal"。
14. 從第 1 列第 0 行開始顯示 "Alarm!!"
15. 蜂鳴器響三聲。

16. 從第 0 列第 0 行開始顯示 "cm:"。
17. 從第 0 列第 3 行開始顯示 HC-SR04 所量得的距離，單位為公分。
18. 從第 1 列第 0 行開始顯示 "inch:"。
19. 從第 1 列第 5 行開始顯示 HC-SR04 所量得的距離，單位為英吋。
20. 延遲 0.5 秒。

　　初始化的部分主要清除 LCD 螢幕並顯示 "Distance Meter Start now!!"，另外設定偵測物體接近的距離。重複執行部分主要是根據 D5 所接的按鈕是否有按下，如果沒有按下按鈕，則顯示 HC-SR04 所量得的距離；如果按下按鈕，則再根據 HC-SR04 所量得的距離，偵測是否有物體接近，若有物體接近，則 LCD 顯示 Alarm 並讓蜂鳴器響三聲。

執行結果：

　　初始化程式執行後，LCD 顯示 "Distance Meter Start now!!"。

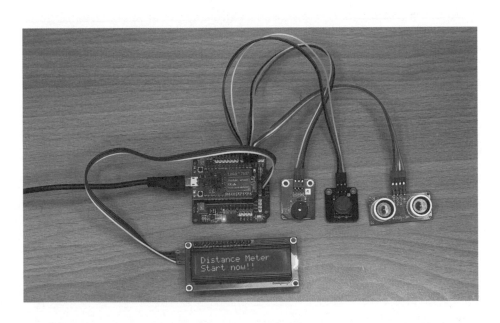

　　重複執行程式執行後，未按按鈕開關，功能為距離量測，LCD 顯示距離的數值。

按下按鈕開關，功能為異物入侵偵測，LCD 顯示偵測的結果。

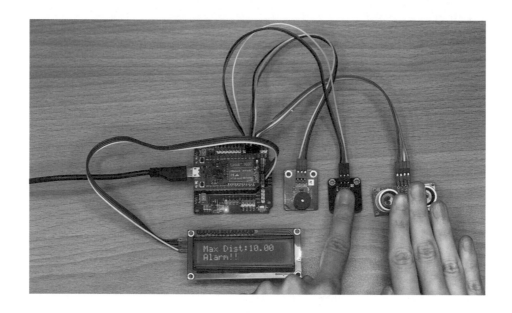

延伸學習 (3_3_2)：

前面的程式以是否按下按鈕來決定後續的動作，本節的範例以按鈕決定是否偵測物體接近，必須一直按下按鈕才會偵測物體接近。在實際的情況下，不可能找人一直按著按鈕，我們可以使用下面的按鈕狀態記憶程式，按一下會使內建 LED 發亮，再按一下則使內建 LED 熄滅。

初始化
　賦值 整數 Sw 到 1 ← **1**
　賦值 整數 SwOld 到 1 ← **2**
　賦值 整數 LED 到 0 ← **3**

重複執行
　賦值 整數 Sw 到 數位讀取 Pin 5 ← **4**
　★ 如果 整數 SwOld = 1 且 整數 Sw = 0 ← **5**
　執行 賦值 整數 LED 到 1 - 整數 LED ← **6**
　　　延遲毫秒 100 ← **7**
　賦值 整數 SwOld 到 整數 Sw ← **8**
　★ 如果 整數 LED = 1 ← **9**
　執行 內建 LED 狀態 高電位
　否則 內建 LED 狀態 低電位

延伸學習程式說明：

1. 設定整數變數 Sw 的內容值為 1，該變數用來儲存現在按鈕的狀態。
2. 設定整數變數 SwOld 的內容值為 1，該變數用來儲存前次按鈕的狀態。
3. 設定整數變數 LED 的內容值為 0，該變數用來控制 LED 的亮滅。
4. 讀取 D5 所接按鈕的狀態，並指派給整數變數 Sw。
5. 如果 SwOld=1 並且 Sw=0，則執行 6，LED=1-LED。當 SwOld=1 並且 Sw=0 時，為下圖所顯示的狀況。

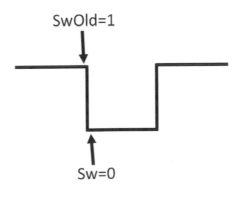

6. LED=1-LED，該運算式可將整數變數 LED 的值從 1 變成 0，或從 0 變成 1。

7. 延遲 0.1 秒，防止彈跳狀況。

8. 將整數變數 Sw 的內容值指派給變數 SwOld，保留這次按鈕的狀態，作為下次如果條件中的前次按鈕的狀態。

9. 如果 LED=1，則點亮內建 LED，否則，熄滅內建 LED。

第**1**章
LinkIt 7697 及
BlocklyDuino V3 簡介

第**2**章
基礎感測模組

第**3**章
進階感測模組

第**4**章
BLE 藍牙控制

第**5**章
WiFi 控制

3-4　電子骰子

　　任天堂公司的 Wii 遊戲機風靡全球，大人小孩都愛玩，特別是愛用體感遙控器，大家都很感興趣是如何偵測遙控器在空間中的移動，其實要偵測物體在空間中的移動狀態，一般會使用三軸加速度計，加速度計也叫 G sensor，現今 G sensor 已普遍用在電子產品。

　　三軸加速度計可以測得三個軸向的加速度值，亦即 G 值。如下圖，當加速度計往 X 軸正值方向傾斜，也就是往右側傾斜，加速度值 X 軸的 G 值會增加，當加速度計往 X 軸負值方向傾斜，也就是往左側傾斜，加速度值 X 軸的 G 值會降低。Y 軸的 G 值跟

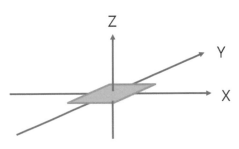

X 軸一樣，往前傾斜 Y 軸的 G 值會增加，往後傾斜 Y 軸的 G 值則會降低。當加速計正面朝上時，Z 軸的 G 值為正值，正面朝下時，Z 軸的 G 值為負值。另外用 G 值做運算可以取得加速度計的旋轉角度及姿勢。

　　如下圖，ADXL345 三軸加速度計上有標示 X、Y 及 Z 軸的方向，另外 ADXL345 保持水平時，G 值為 0，往增加方向傾斜時，G 值最大約為 1，往降低方向傾斜時，G 值最小約為 -1，Z 軸比較特殊，當正面朝上時，G 值最大約為 1，當正面朝下時，G 值最大約為 -1。在左右旋轉（俯仰）的角度有效範圍為 ±80 度，前後旋轉（翻轉）的角度有效範圍為 ±40 度。偵測動作有點一下、點兩下及移動三種。

本節使用 ADXL345 三軸加速度計及 LCD 顯示器做電子骰子，只要搖動 ADXL345，7697 就會產生 1 到 6 之間的隨機數，當搖動停止，LCD 顯示最後產生的隨機數作為骰子的點數。

使用零件：

項目	數量
LinkIt 7697	一片
擴充板	一片
Micro USB 線	一條
LCD 顯示模組	一片
ADXL345 模組	一片
母對母杜邦線	八條

接線圖：

　　本節使用 ADXL345 及 LCD 顯示器，兩個模組都是使用 I2C 傳輸介面，擴充板上有兩個 I2C 專用接線區，按照 GND、5V、SDA 及 SCL 接腳的順序接線，完成接線，準備繼續撰寫程式。

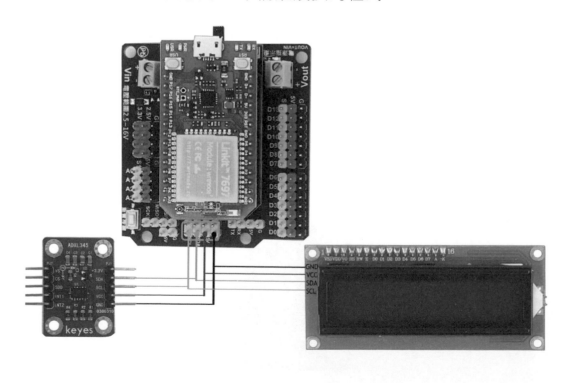

新增積木說明：

選單	積木	說明
感測模組 / 動態感測	加速規 ADXL345 ▾ 訊號：I2C ▾ 量測數值：X ▾ 軸 G值	讀取 ADXL345 的 G 值積木，功用為讀取 ADXL345 的 G 值，其中第一個及第二個參數都不可改變，第三個參數可選擇 X、Y 或 Z 軸。
感測模組 / 動態感測	加速規 ADXL345 ▾ 訊號：I2C ▾ 取得姿態：俯仰 ▾ 角度°	讀取 ADXL345 的角度積木，功用為讀取 ADXL345 的角度，其中第一個及第二個參數都不可改變，第三個參數可選擇俯仰或翻滾，俯仰為前後轉動的角度，翻滾為左右轉動的角度。
感測模組 / 動態感測	加速規 ADXL345 ▾ 偵測動作、手勢	偵測動作或手勢積木，功用為偵測動作或手勢，其中參數不可改變。
感測模組 / 動態感測	加速規 ADXL345 ▾ 已經偵測到 點一下 ▾	判斷是否為指定動作，功用為判斷是否為指定動作，指定動作有點一下、點兩下及移動。

讀取 G 值及翻轉角度積木程式 (3_4_1)：

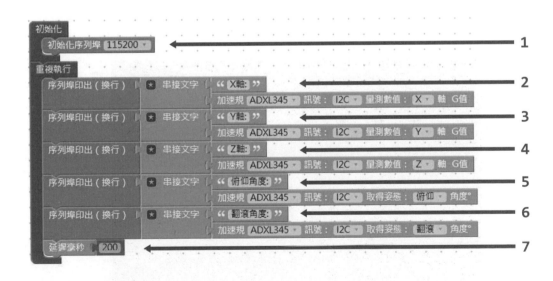

讀取 G 值及翻轉角度程式說明：

1. 初始化設定序列埠，傳輸速度為 115200。

2. 以下為重複執行部分，於序列埠中顯示 "X 軸：" 及 ADXL345 的 X 軸 G 值，顯示後換行。

3. 序列埠視窗中顯示 "Y 軸："及 ADXL345 Y 軸的 G 值，顯示後換行。
4. 序列埠視窗中顯示 "Z 軸："及 ADXL345 Z 軸的 G 值，顯示後換行。
5. 序列埠視窗中顯示 "俯仰角度："及 ADXL345 俯仰角度，顯示後換行。
6. 序列埠視窗中顯示 "翻滾角度："及 ADXL345 翻滾角度，顯示後換行。
7. 延遲 0.2 秒。

本程式可做三軸加速度計的基本測試，先把 X 軸調整朝向左右，把 Y 軸朝向前後，測試方式為先把 X 軸調整朝向左右，把 Y 軸朝向前後，接著只翻轉固定其中一個軸，另外兩軸固定不動，例如把 ADXL 往左邊或右邊輕輕轉動，觀察序列埠顯示 X 軸的 G 值是否有大幅的變化，Y 軸可比照 X 軸方式測試，Z 軸則用正面朝上及正面朝下兩種方式來測試。俯仰及翻轉的角度可比照 X 軸及 Y 軸的測試，觀察序列埠顯示的角度是否有變化

讀取 G 值及翻轉角度執行結果：

序列埠視窗觀察 X 軸、Y 軸及 Z 軸的 G 值變化，另外還有測試俯仰及翻轉角度的變化。

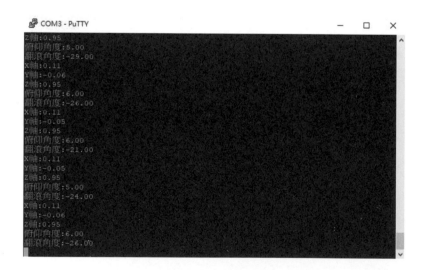

偵測動作及手勢積木程式 (3_4_2)：

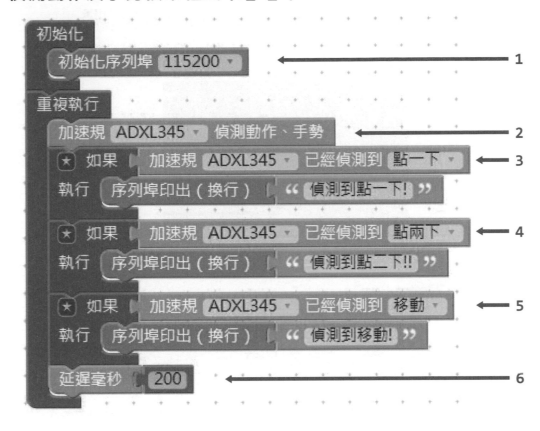

偵測動作及手勢程式說明：

1. 初始化序列埠，傳輸速度為 115200。
2. 以下為重複執行部分，由 ADXL345 取得動作。
3. 如果 ADXL345 取得的動作是點一下，則在序列埠視窗中顯示"偵測到點一下！"，顯示後換行。
4. 如果 ADXL345 取得的動作是點二下，則在序列埠視窗中顯示"偵測到點兩下!!"，顯示後換行。
5. 如果 ADXL345 取得的動作是移動，則在序列埠視窗中顯示"偵測到移動！"，顯示後換行。
6. 延遲 0.2 秒。

本程式可做三軸加速度計的動作測試，動作有點一下、點兩下及移動，注意快速點擊兩下，除了會偵測到點兩下的動作，也同時會偵測到點一下和移動。

偵測動作及手勢執行結果：

當 ADXL345 的進行動作時，由序列埠視窗可觀察偵測動作的結果：

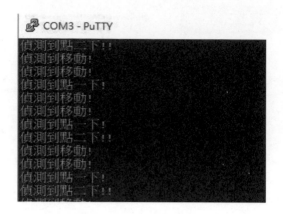

電子骰子積木程式：

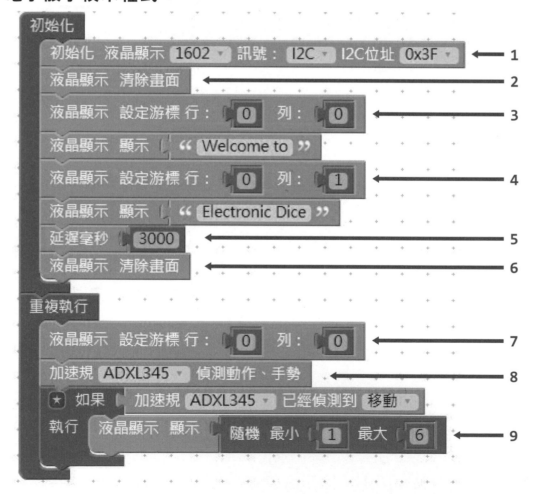

電子骰子程式說明：

初始化部分：

1. 設定 LCD 為 1602，I2C 地址為 0X3F，若無法顯示要更換地址。
2. 清除 LCD 畫面，這個積木特別重要，LCD 顯示結果不會自動清除，要靠液晶顯示清除畫面積木清除。
3. 從第 0 列第 0 行開始顯示 "Welcome to"。
4. 從第 1 列第 0 行開始顯示 "Electronic Dice"。
5. 延遲 3 秒。
6. 清除 LCD 畫面。

重複執行部分：

7. 從第 0 列第 0 行開始顯示。
8. 由 ADXL345 取得動作。
9. 如果 ADXL345 取得的動作是「移動」，則在 LCD 顯示器中顯示 1 到 6 之間的隨機數，作為電子骰子的點數，顯示後換行。

初始化的部分主要是清除 LCD 螢幕並顯示 "Welcome to Electronic Dice"，顯示 3 秒後再清除。重複執行部分是依據 ADXL345 所偵測到的動作，如果動作是「移動」，則在 LCD 顯示器上顯示 1 到 6 之間的隨機數作為骰子的點數。

電子骰子執行結果：

初始化程式執行後，LCD 顯示 "Welcome to Electronic Dice"。

第 **1** 章
LinkIt 7697 及 BlocklyDuino V3 簡介

第 **2** 章
基礎感測模組

第 **3** 章
進階感測模組

第 **4** 章
BLE 藍牙控制

第 **5** 章
WiFi 控制

重複執行程式執行後，搖動 ADXL345，LCD 會顯示骰子點數

第 **1** 章
LinkIt 7697 及
BlocklyDuino V3 簡介

第 **2** 章
基礎感測模組

第 **3** 章
進階感測模組

第 **4** 章
BLE 藍牙控制

第 **5** 章
WiFi 控制

3-5　體感操控

　　體感操控如 Wii 遊戲機，用體感遙控器操控遊戲畫面，讓輸入裝置多一項選擇。本節介紹的體感操控系統使用 ADXL345 製作體感遙控器，其遙控的裝置是小型伺服馬達。ADXL345 三軸加速度計在 3-4 節已經介紹過，本節針對小型伺服馬達做說明。

　　小型伺服馬達常用於遙控模型飛機，又稱為伺服機或舵機，伺服機內部含有直流馬達、齒輪組、電位計及控制電路板，如下圖所示。市面上最容易取得的伺服機是 SG90，伺服機透過電位計及控制電路板可做 0-180 度之間的轉動，並可記憶目前轉動的角度，另外透過齒輪組可降速，變成適當可用的轉速，並提供更大的轉矩。伺服機的接線有三條，分別是橘色、紅色及棕色，橘色線為訊號輸入，紅色線為電源輸入，棕色線為接地線，可與擴充板的數位接腳的 S、V 及 G 對接。

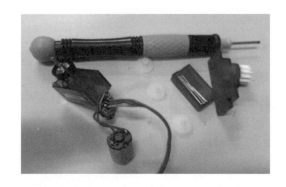

　　本節使用 ADXL345 感測器 X 軸及 Y 軸 G 值變化來控制兩顆伺服機，在 3-4 節的測試中可知，ADXL345 的 G 值是介於 -1 到 1 之間，保持水平時 G 值大約是 0，而伺服機轉動角度為 0 到 180 之間，所以輸入值無法直接作為輸出值，必須做適當的轉換。另外，兩顆伺服機再搭配適當的機構，即可變成雙軸機器人，如下圖所示，若無法自行設計，可於 Thingiverse 網站中尋找適合的機構，使用 3D 印表機印出即可完成機構製作。

　　Thingiverse 網址：https://www.thingiverse.com/

使用零件：

項目	數量
LinkIt 7697	一片
擴充板	一片
Micro USB 線	一條
LCD 顯示模組	一片
ADXL345 模組	一片
伺服機 SG90	二顆
母對母杜邦線	十條

接線圖：

　　本節使用 ADXL345 及 LCD 顯示器，兩個模組都是使用 I2C 傳輸介面，擴充板上有兩個 I2C 專用接線區，按照 GND、5V、SDA 及 SCL 接腳的順序接線，完成接線，準備繼續撰寫程式。

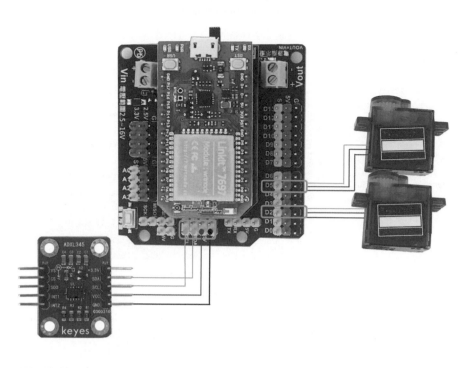

新增積木說明:

選單	積木	說明
伺服馬達	寫入伺服馬達 Pin [0 - UART ▼] 角度 (0 - 180) [0]	寫入伺服馬達積木,功用為控制伺服馬達轉動到設定的角度,第一個參數是接線的接腳,第二個參數是設定的角度,有效角度為 0 到 180 度。
伺服馬達	讀取伺服馬達 Pin [0 - UART ▼] 目前角度	讀取伺服馬達目前角度積木,功用為讀取伺服馬達目前角度,第一個參數為接線的接腳。
數學	隨機 最小 [ ] 最大 [ ]	產生隨機數積木,用途為不按固定順序產生一個數字,第一個參數是隨機數的最小值,第一個參數是隨機數的最大值,所以產生本積木產生的隨機數介於最小值及最大值之間。

積木程式 (3_5)：

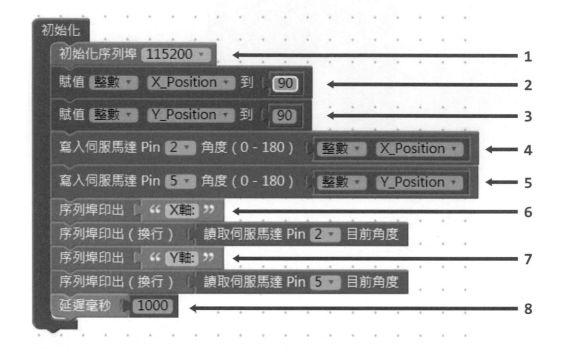

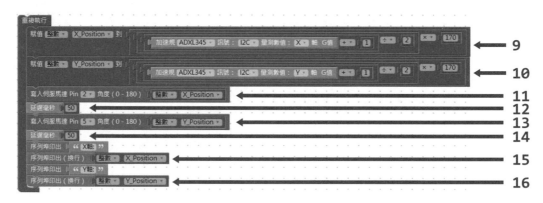

程式說明：

初始化部分：

1. 初始化序列埠，傳輸速度為 115200。

2. 設定整數變數 X_Position，並指派其內容值為 90，作為 X 軸伺服馬達的初始角度。

3. 設定整數變數 Y_Position，並指派其內容值為 90，作為 Y 軸伺服馬達的初始角度。

4. 設定 Pin 2 所接的伺服馬達為 X 軸伺服馬達，並轉動至整數變數 X_Position 的內容值，即為 90 度。

5. 設定 Pin 5 所接的伺服馬達為 Y 軸伺服馬達，並轉動至整數變數 Y_Position 的內容值，即為 90 度。

6. 讀取 X 軸伺服馬達的轉動角度，並於序列埠中顯示 "X 軸：" 及 X 軸伺服馬達的轉動角度，顯示後換行。

7. 讀取 Y 軸伺服馬達的轉動角度，並於序列埠中顯示 "Y 軸：" 及 Y 軸伺服馬達的轉動角度，顯示後換行。

8. 延遲 1 秒。

重複執行部分：

9. 讀取 ADXL345 X 軸的 G 值加 1，再除 2，最後乘 170，運算結果指派給整數變數 X_Position。運算的積木的拼法如下：

10. 讀取 ADXL345 Y 軸的 G 值加 1，再除 2，最後乘 170，運算結果指派給整數變數 Y_Position。

11. 將整數變數 X_Position 寫入 X 軸伺服馬達的角度，亦即用 ADXL345 X 軸的轉動角度控制 X 軸伺服馬達的轉動角度。

12. 延遲 0.05 秒。

13. 將整數變數 Y_Position 寫入 Y 軸伺服馬達的角度，亦即用 ADXL345 Y 軸的轉動角度控制 Y 軸伺服馬達的轉動角度。

14. 延遲 0.05 秒。

15. 於序列埠視窗中顯示 "X 軸：" 及整數變數 X-Position 的內容值，顯示後換行。

16. 於序列埠視窗中顯示 "Y 軸：" 及整數變數 Y-Position 的內容值，顯示後換行。

程式中首先將兩顆伺服機的角度設定為 90 度，作為初始的位置，接著讀取 ADXL345 X 軸及 Y 軸的 G 值，用來控制伺服機的角度，但 ADXL345 的 G 值介於 -1 到 1 之間，而伺服機的角度為 0 到 180 度，兩者並不相同，所以必須要做轉換，轉換計算如下，轉換完成的數值為 0 到 170 之間，最後用此數值送至伺服機，即可用 ADXL345 轉動的角度控制伺服機轉動的角度。

$$((\text{ADXL345 的 G 值} + 1)/2) * 170$$

　　運算式中最後乘 170，主要是 ADXL345 的 G 值會有誤差，其最大值會超過 1，經過運算式計算後不會超過 180，控制伺服機的角度才不會造成轉動上的問題。另外運算的積木沒有括弧，運算的順序是最內層先算，所以下圖積木即為前述運算式。

執行結果：

　　由序列埠視窗顯示控制伺服馬達轉動的角度。

ADXL345 控制雙軸機器人。

延伸學習：

前面提到將 ADXL345 的 G 值轉成伺服機角度的轉換運算式，看起來似乎是隨意拼湊，其實這種類型的轉換歸納後，可用下列步驟求得：

1. 平移：原本 ADXL345 的 G 值為 -1 到 1 之間，利用平移方式調整到 0 到 2 之間，可得運算式為：

   ADXL345 的 G 值 +1

2. 等比例縮小：把 0 到 2 間的線段等比例縮小，成為 0 到 1 之間，又稱為標準化，可得運算式為：

   (ADXL345 的 G 值 +1)/2

3. 等比例放大：再把 0 到 1 之間放大成為我們需要的區間，所以放大成為 0 到 170 之間，可得運算式為

   ((ADXL345 的 G 值 +1)/2)*170

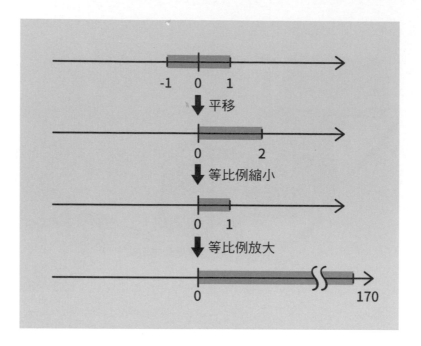

　　轉換運算式中有除法，運算的結果可能會出現小數，但是程式中將運算後的結果指派給整數變數，整數變數只能存放整數，所以小數點之後的數值會自動捨棄，再存入變數中，最後由整數變數取出的數值均為整數。

第**1**章

LinkIt 7697 及
BlocklyDuino V3 簡介

第**2**章

基礎感測模組

第**3**章

進階感測模組

第**4**章

BLE 藍牙控制

第**5**章

WiFi 控制

3-6　RFID 刷卡

　　當我們拿著悠遊卡或是門禁卡，放在機器上，機器發出嗶嗶的聲音，所有事情在瞬間全部解決，這樣的場景我們叫做刷卡，而這整套便利的刷卡機器叫做 RFID 系統。

　　RFID(Radio Frequency Identification) 無線射頻辨識是一種新興的辨識技術，其由電子標籤 (tag)、讀取器 (reader) 及電腦系統組成，而電子標籤中有一組天線及晶片。RFID 的工作原理為：

1. 讀取器把資料透過天線轉換成電磁波發射出去。
2. 當電子標籤的天線收到電磁波後，轉換成電源讓其中的晶片開始工作，接收讀取器發出資料。
3. 電子標籤接受資料後，經過處理後將結果換成電磁波發射。
4. 讀取器收到標籤發出的電磁波，再轉換成資料送到電腦系統進行後續處理。

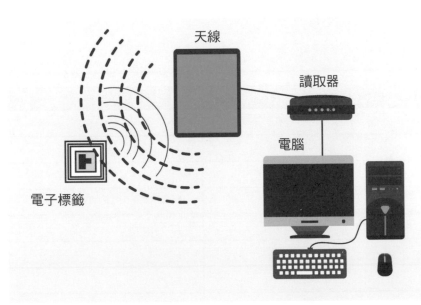

　　市面上最容易買得到的 RFID 模組是 RC522，其採用飛利浦公司所

生產的 MFRC522，另外搭配 RC522 模組的卡片大多屬於 Mifare
s50，其內建 1KB(1K 位元組) 的記憶體。RC522 支援 SPI、I2C 及 UART
等串列傳輸介面，本書採用 SPI 的介面。

注意：電路板為讀取卡片的區域，RFID 卡片務必要靠近 RFID 模組上方，
　　　才能穩定讀取到卡號。

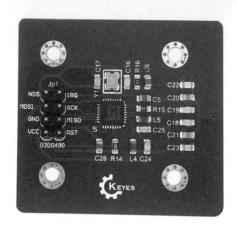

本節用 RC522、繼電器及電磁鎖模組做門禁刷卡系統，當刷卡卡
片正確則開啟大門，否則大門不開。

使用零件：

項目	數量
LinkIt 7697	一片
擴充板	一片
Micro USB 線	一條
LCD 顯示模組	一片
RC522 模組	一片
蜂鳴器模組	一片
繼電器模組	一片
母對母杜邦線	十四條

接線圖：

　　市面上以直流 12V 電源的電磁鎖最容易購得，但 7697 接腳的輸出電壓無法推動 12V 的電磁鎖，所以我們要透過繼電器控制電磁鎖，如下圖的接線，+12V 接繼電器 COM 接腳，電磁鎖正極接繼電器 NO 接腳，電磁鎖負極接 12V 電源的 GND。這樣就能用 7697 的數位接腳控制 12V 電源的電磁鎖，當控制訊號接高電位時，繼電器的接點會切換，讓電磁鎖獲得 12V 的電源而動作開鎖，當控制訊號為低電位時，電磁鎖會回到鎖門的狀態。

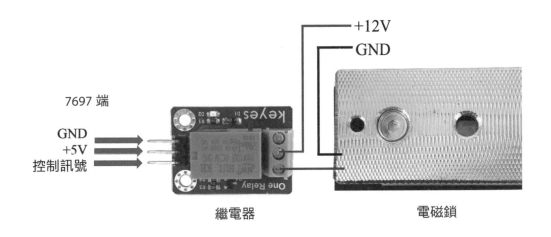

　　本節使用 RC522、繼電器及電磁鎖模組，由於 7697 擴充板有 SPI 介面專用接腳，所以接線非常簡單，該晶片的工作電壓為 2.5V~3.6V，故 RC522 模組的電源請接 3.3V 不可接錯，繼電器的控制信號接 D3，接線完成後，準備繼續撰寫程式。

注意：+12V 電源的 GND 不可與擴充板的 GND 接在一起，如果接在一起會產生干擾。

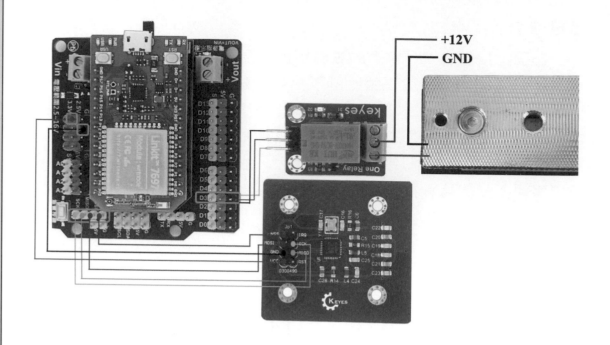

新增積木說明：

選單	積木	說明
傳輸模組 / RFID	RFID MFRC522 ▼ 訊號： SPI ▼ 讀取識別碼	RFID 讀取卡號積木，功用為取得 RFID 卡片的卡號，如果讀取區域放卡片，則讀到卡號，否則讀到空字串。

　　要用 RFID 卡片刷卡開鎖，首先要知道開鎖的卡號，所以我們先做讀取卡號程式，確定開鎖的卡號，再繼續往下做刷卡開鎖。RFID 讀取卡號積木不會重複讀卡，把 RFID 卡片一直放在讀取區中，該積木只會讀取一次，如果把卡片移走，就要再放一次才會再讀一次。

讀取卡號積木程式 (3_6_1)：

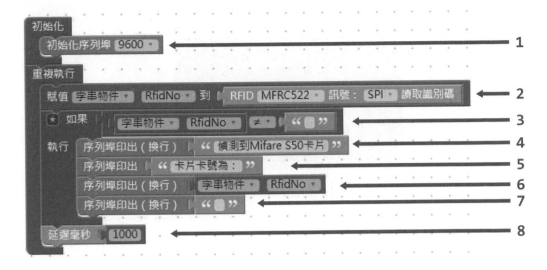

讀取卡號程式說明：

1. 初始化序列埠，傳輸速度為 9600。
2. 設定字串變數 RfidNo，並指派其內容值為讀取 RFID 的卡號。
3. 如果字串變數的內容值不等於空字串，則執行 4~7。
4. 在序列埠視窗中換行顯示 "偵測到 Mifare S50 卡片"。
5. 在序列埠視窗中顯示 "卡片卡號為："。
6. 在序列埠視窗中換行顯示字串變數 RfidNo 的內容值。
7. 在序列埠視窗中換行顯示一列空白。
8. 延遲 1 秒。

　　如果 RC522 讀取區域放置卡片，則字串變數 RfidNo 會儲存卡號，後續的程式會將卡號在序列埠中顯示，我們可以把卡號記錄下來，作為下個程式開鎖的卡號。

注意：RFID 卡片的卡號有數字及英文字母，該卡號為 16 進制數字顯示，16 進制數字在每個位數超過 16 才會進位，該進制數字超過 9 以上會用英文字母表示，如 A 表示 10，B 表示 11，C 表示 12，D 表示 13，E 表示 14，F 表示 15，例如：D3FE89BA 為 16 進制的 RFID 卡號。

讀取卡號執行結果：

用前面的程式取得開門的 RFID 卡號，接下來就可以用這個卡號寫刷卡控制大門的程式。

積木程式 (3_6_2)：

初始化
　初始化序列埠 9600 ▾　←━━━━ 1
　數位寫入 Pin 3 ▾ 狀態 低電位 ▾　←━━━━ 2
　序列埠印出（換行）❝ 大門已關閉 ❞　←━━━━ 3

重複執行
　賦值 字串物件 ▾ RFidNo ▾ 到 RFID MFRC522 ▾ 訊號：SPI ▾ 讀取識別碼　←━━━━ 4
　☆ 如果 字串物件 ▾ RFidNo ▾ ≠ ▾ ❝ ❞　←━━━━ 5
　執行 序列埠印出（換行）❝ 偵測到RFID卡片! ❞　←━━━━ 6
　　☆ 如果 字串物件 ▾ RFidNo ▾ = ▾ ❝ 你的RFID卡號 ❞　←━━━━ 7
　　執行 數位寫入 Pin 3 ▾ 狀態 高電位 ▾　←━━━━ 8
　　　序列埠印出（換行）❝ 大門已開啟 ❞　←━━━━ 9
　　　延遲毫秒 5000　←━━━━ 10
　　　數位寫入 Pin 3 ▾ 狀態 低電位 ▾　←━━━━ 11
　　　序列埠印出（換行）❝ 大門已關閉 ❞　←━━━━ 12
　　否則 序列埠印出（換行）❝ 不是開門卡片! ❞　←━━━━ 13
　延遲毫秒 1000　←━━━━ 14

程式說明：

初始化部分

1. 初始化序列埠，傳送速度為 9600。

2. 設定 D3 輸出為低電位，讓繼電器控制電磁鎖進入大門關閉的狀態。

3. 序列埠換行顯示 "大門關閉"。

重複執行部分：

4. 讀取 RFID 卡號，並將讀取結果指派給字串變數 RfidNo。

5. 如果字串變數 RfidNo 不等於空字串，則執行 6~13，否則往下繼續執行。

6. 序列埠換行顯示 "偵測到 RFID 卡片！"。

7. 如果字串變數 RfidNo 等於開門卡號，則執行 8~12，進行開門動作，否則執行 13。

8. 設定 D3 輸出為高電位，讓繼電器控制電磁鎖進入大門開啟的狀態。

9. 序列埠換行顯示 "大門已開啟"。

10. 延遲 5 秒。

11. 設定 D3 輸出為低電位，讓繼電器控制電磁鎖進入大門關閉的狀態。

12. 序列埠換行顯示 "大門已關閉"。

13. 序列埠換行顯示 "不是開門卡片！"。

14. 延遲 1 秒。

　　程式初始化部分控制大門關閉，重複執行部分開始讀取 RFID 卡號，如果讀到的結果不是空字串，代表 RC522 讀取區上有卡片，接著判斷卡號是否為開門卡號，如果是開門卡號，則進行開門動作，否則序列埠顯示偵測到 RFID 卡片，維持大門關閉狀態。

執行結果：

　　當讀取到正確 RFID 卡片時，序列埠視窗依序顯示 "偵測到 RFID 卡片！"、"大門已開啟" 及 "大門已關閉"。

當讀取到正確的 RFID 卡片時，設定 D3 輸出為高電位，讓繼電器動作，控制電磁鎖進入大門開啟的狀態。

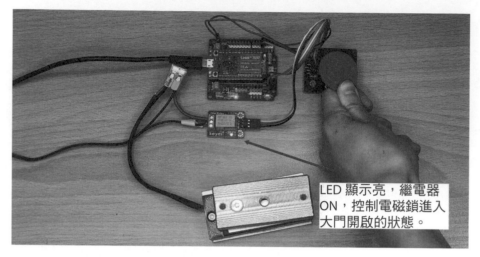

LED 顯示亮，繼電器 ON，控制電磁鎖進入大門開啟的狀態。

當讀取到錯誤的 RFID 卡片時，序列埠視窗依序顯示 "偵測到 RFID 卡片！"、"大門已開啟" 及 "大門已關閉"。

🖳 COM3 - PuTTY

大門已關閉
偵測到RFID卡片！
不是開門卡片！

當讀取到錯誤的 RFID 卡片時，設定 D3 輸出為低電位，讓繼電器不動作，控制電磁鎖進入大門關閉的狀態。

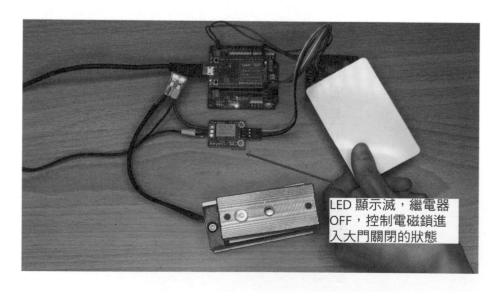

LED 顯示滅，繼電器 OFF，控制電磁鎖進入大門關閉的狀態

第**1**章

LinkIt 7697 及
BlocklyDuino V3 簡介

第**2**章

基礎感測模組

第**3**章

進階感測模組

第**4**章

BLE 藍牙控制

第**5**章

WiFi 控制

3-7　延伸練習

3-1 文字型 LCD

◎請利用三顆 LED 模組模擬十字路口紅綠燈的亮滅動作,並以 LCD 顯示紅綠燈的燈號。

3-2 溫溼度計

◎台灣平均濕度高,常讓人感到不適,請利用 DHT11 及 LCD 製作濕度警示裝置,當相對溼度超過 65%,則 LCD 顯示 Turn on dehumidifier,當相對溼度超過 65%~50%,則 LCD 顯示 Comfortable,當相對溼度低於 50%,則 LCD 顯示 Turn on humidifier。

3-3 電子量尺

◎請使用本節延伸學習的按鈕狀態記憶方式,重作本節之電子量尺。

3-4 電子骰子

◎請用本節所提之電子骰子概念,製作一次可產生四個點數的電子骰子,再跟同學比賽,誰先算出總點數!

3-5 體感操控

◎請用 ADXL345 的三軸 G 值變化來控制三色 LED 的亮度。

3-6 RFID 刷卡

◎請用本節範例之電路再加入 LCD 及蜂鳴器模組,讓刷卡卡號顯示在 LCD 中,另外,當讀到 RFID 卡片時發出嗶嗶聲,代表 RC522 已經正確讀到卡片。

▶▶▶ 第**4**章

BLE 藍牙控制

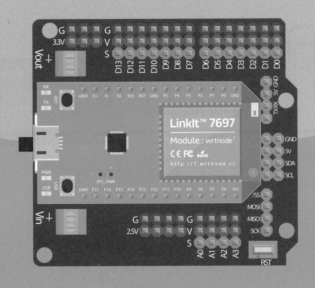

4-1　LinkIt Remote App 及手機畫面設計

　　LinkIt Remote 簡稱 LRemote 是 7697 專屬的藍牙遙控手機 app，有別於一般藍牙遙控方式，手機及控制板兩邊都要寫程式，透過 LRemote，我們只需要撰寫 7697 上的程式，即可設定手機介面來遙控 7697。我們在手機上安裝 LinkIt Remote App，其可掃描附近有執行 LRemote 的 7697 並連線。7697 上的程式是用來，指定手機上面遙控器程式的外觀，並接收處理來自手機的遙控指令。

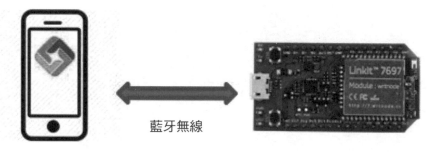

藍牙無線

　　手機為安卓作業系統，可在 Google Play 中搜尋 LinkIt Remote，或至下列超連結進行安裝，LinkIt Remote App 在 Google Play 的畫面如下圖。

https://play.google.com/store/apps/details?id=com.mediatek.labs.linkitremote&hl=zh_TW

　　手機為 iOS 作業系統，可在 App Store 中搜尋 LinkIt Remote，或至下列超連結進行安裝，LinkIt Remote App 在 App Store 的畫面如下圖。

https://apps.apple.com/tw/app/linkit-remote/id1276900625

　　本節介紹手機上遙控器外觀的設計，我們可以把手機畫面分成直式和

橫式排列，這裡僅介紹直式排列，橫式留至延伸學習中讓讀者自行練習。以下圖直式排列為例，將畫面劃分成寬 5 格及高 6 格，水平方向以 X 軸紀錄，垂直方向以 Y 軸記錄，物件①的高為 1 寬為 5，左邊的起始位置為 (0,0)；物件②的高為 1 寬為 2，左邊的起始位置為 (0,1)；物件③的高為 1 寬為 3，左邊的起始位置為 (2,1)；物件④的高為 1 寬為 5，左邊的起始位置為 (0,2)；物件⑤的高為 3 寬為 3，左邊的起始位置為 (1,3)。

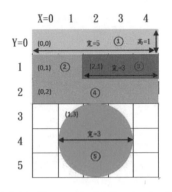

在 LRemote 中有五種物件，分別為文字標籤、方形按鈕、圓形按鈕、開關及滑桿。以下圖為例，物件 1 為文字標籤，物件 2 為開關，物件 3 為方形按鈕，物件 4 為滑桿，物件 5 為圓形按鈕。物件全部都可以中文顯示，不過使用時要小心，不可超過最大的顯示長度。

LRemote 的操作步驟：

1. 寫好程式，並完成編譯及燒錄。
2. 啟動手機的藍牙。
3. 啟動 LRemote App。
4. LRemote App 完成掃描後，點選我們設定的遙控器名稱，即可藍牙連線。
5. 操作控制物件，開始進行遙控。

使用零件：

項目	數量
LinkIt 7697	一片
擴充板	一片
Micro USB 線	一條
Android/iOS 手機或平板	一隻

　　本節介紹使用遙控器積木設計手機的畫面，在電路上只需要使用 7697、擴充板及智慧型手機，不需要使用其它感測器模組。

新增積木說明：

選單	說明
遙控器	新增遙控器積木，功用為設定遙控器名稱及切割。
積木	
遙控器	新增文字標籤積木，功用為在遙控器畫面中新增文字標籤，第一個參數為文字標籤的名稱，第二個參數為文字標籤顯示的文字，第三個及第四個參數為文字標籤的起始位置，第五個及第六個參數為文字標籤的大小，第七個參數為顏色。
積木	

遙控器	新增方形按鈕積木，功用為在遙控器畫面中新增方形按鈕，第一個參數為方形按鈕的名稱，第二個參數為方形按鈕顯示的文字，第三個及第四個參數為方形按鈕的起始位置，第五個及第六個參數為方形按鈕的大小，第七個參數為顏色。
積木	新增 方形按鈕 " button1 " 顯示文字 " ■ " 位置(X,Y) 0 0 大小(寬,高) 1 1 顏色 藍色 ▼
遙控器	新增圓形按鈕積木，功用為在遙控器畫面中新增圓形按鈕，第一個參數為圓形按鈕的名稱，第二個參數為圓形按鈕顯示的文字，第三個及第四個參數為圓形按鈕的起始位置，第五個及第六個參數為圓形按鈕的大小，第七個參數為顏色。
積木	新增 圓形按鈕 " circle1 " 顯示文字 " ■ " 位置(X,Y) 0 0 大小(寬,高) 1 1 顏色 藍色 ▼
遙控器	新增開關積木，功用為在遙控器畫面中新增開關按鈕，第一個參數為開關的名稱，第二個參數為開關顯示的文字，第三個及第四個參數為開關的起始位置，第五個及第六個參數為開關的大小，第七個參數為顏色。
積木	新增 開關 " switch1 " 顯示文字 " ■ " 位置(X,Y) 0 0 大小(寬,高) 1 1 顏色 藍色 ▼
遙控器	新增滑桿積木，功用為在遙控器畫面中新增滑桿，第一個參數為滑桿的名稱，第二個參數為滑桿顯示的文字，第三個及第四個參數為滑桿的起始位置，第五個及第六個參數為滑桿的大小，第七個參數為滑桿的最小值，第八個參數為滑桿的最大值，第九個參數為滑桿的初始值，第十個參數為顏色。
積木	新增 滑桿 " slider1 " 顯示文字 " ■ " 位置(X,Y) 0 0 大小(寬,高) 1 1 最小值 0 最大值 100 初始值 1 顏色 藍色 ▼

積木程式 (4_1)：

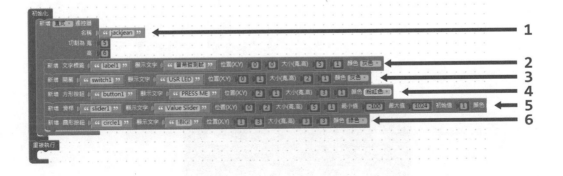

程式說明：

初始化部分：

1. 設定遙控器為直式顯示，名稱為 "jackjean"，表示手機搜尋到這片 7697 的名稱。把顯示畫面切割成寬 5 格高 6 格，如果是多人測試的 場合，名稱應改為自己的名稱，jackjean 為筆者的英文名字。

2. 新增文字標籤，文字標籤的名稱為 "label1"，顯示的文字為 "曾 希哲測試"，起始位置為 (0,0)，大小為寬 5 高 1，顏色為灰色。

3. 新增開關，開關的名稱為 "switch1"，顯示的文字為 "USR LED"，起始位置為 (0,1)，大小為寬 2 高 1，顏色為灰色。

4. 新增方形按鈕，方形按鈕的名稱為 "button1"，顯示的文字為 "PRESS ME"，起始位置為 (2,1)，大小為寬 3 高 1，顏色為粉紅色。

5. 新增滑桿，滑桿的名稱為 "slider1"，顯示的文字為 "Value Slider"，起始位置為 (0,2)，滑桿的大小為寬 5 高 1，最小值 為 -100，最大值為 1024，初始值為 1，顏色為橘色。

6. 新增圓形按鈕，圓形按鈕的名稱為 "circle1"，顯示的文字為 "!BIG!"，起始位置為 (1,3)，大小為寬 3 高 3，顏色為綠色。

請特別注意 LRemote 有關顯示畫面的設定都必須在初始化中設 定，設定完成後不可再更改設定，所以本節的程式全部都在初始化。 我們了解畫面設定的說明後，寫程式時每個物件只需一塊積木就可以 完成設定，而且只要寫 7697 的積木程式，完全不用寫手機的程式，撰 寫程式非常輕鬆。

執行結果：

本章皆以安卓作業系統為範例。首先啟動手機的藍牙，接著點選 手機中 LinkIt Remote 圖示。

手機藍牙掃描所有裝置後，出現所有裝置的選單，點選 jackjean，
如果有修改遙控器名稱，請點選修改後的名稱。

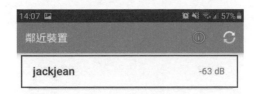

手機螢幕出現我們設計的遙控器畫面。

本節只介紹手機畫面的設定，這些控制物件的使用將會在下一節
介紹。

第 **1** 章

LinkIt 7697 及
BlocklyDuino V3 簡介

第 **2** 章

基礎感測模組

第 **3** 章

進階感測模組

第 **4** 章

BLE 藍牙控制

第 **5** 章

WiFi 控制

上一節我們學會了 LRemote 的手機畫面控制,在這一節,我們要依序學習各種控制物件。本節要介紹按鈕及開關兩種控制物件。

開關型的控制物件有按鈕及開關,都是屬於數位輸入,只有開與關兩種變化。不過按鈕與開關物件有不同的控制效果。讓我們運用 4-1 節中學習過的技巧,建立手機控制畫面,使用按鈕物件控制 7697 板子上的內建 LED,開關物件控制 LCD 的背燈,另一個按鈕物件控制 LCD 的顯示文字。

在手機的遙控器畫面中顯示自己的名字,有著莫名的幸福感,讓我們帶著這幸福感繼續往前!

使用零件：

項目	數量
LinkIt 7697	一片
擴充板	一片
Micro USB 線	一條
LCD 顯示模組	一片
母對母杜邦線	四條
Android/iOS 手機或平板	一隻

接線圖：

　　擴充板上有 I²C 介面連接區，按照標示把 LCD 模組跟擴充板對接，輕鬆完成接線，準備繼續撰寫程式。

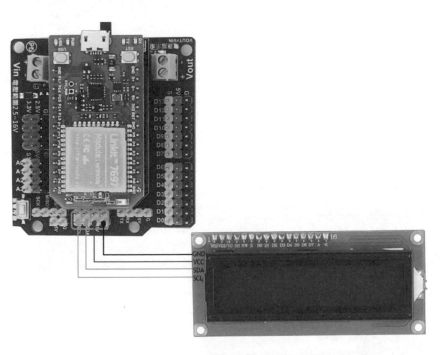

新增積木說明：

選單	積木	說明
遙控器	處理手機程式指令	處理手機程式指令積木，用途為同步手機上 App 的資料。
遙控器	button1 狀態已更新	控制物件狀態已更新積木，用途為判斷控制物件狀態是否已更新，例如：按鈕按下或釋放按鈕都會造成按鈕的狀態更新。

遙控器	從 button1 ▾ 讀取輸入資料	讀取輸入資料積木，用途為由控制物件中讀取輸入資料。

　　從 BlocklyDuino 的選單可以看見 LRemote 的積木全在遙控器中，請繼續往下進行，用積木程式做出 7697 獨有的手機遙控器。

積木程式 (4_2)：

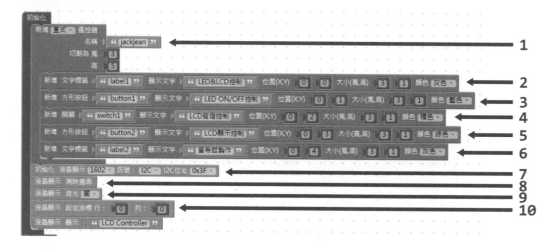

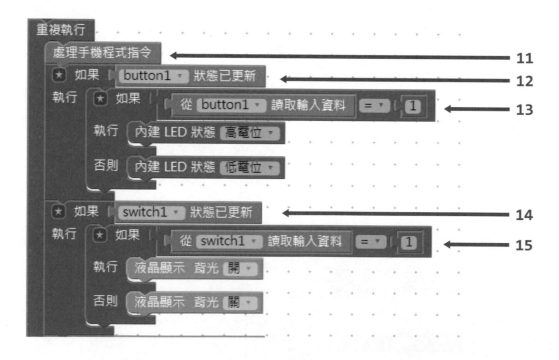

★ 如果 button2 ▼ 狀態已更新		← 16
執行 ★ 如果 從 button2 ▼ 讀取輸入資料 = ▼ 1		← 17
執行 液晶顯示 清除畫面		← 18
液晶顯示 設定游標 行： 0 列： 0		← 19
液晶顯示 顯示 " Press LCD Button!! "		
延遲毫秒 3000		← 20
液晶顯示 清除畫面		← 21
延遲毫秒 100		← 22

程式說明：

初始化部分：

1. 遙控器為直式顯示，名稱為 "jackjean"，把顯示畫面切割成寬 3 格高 5 格。

2. 新增文字標籤，文字標籤的名稱為 "label1"，顯示的文字為 "LED&LCD 控制"，起始位置為 (0,0)，大小為寬 3 高 1，顏色為灰色。

3. 新增方形按鈕，方形按鈕的名稱為 "button1"，顯示的文字為 "LED ON/OFF 控制"，起始位置為 (0,1)，大小為寬 3 高 1，顏色為藍色。

4. 新增開關，開關的名稱為 "switch1"，顯示的文字為 "LCD 背燈控制"，起始位置為 (0,2)，大小為寬 3 高 1，顏色為橘色。

5. 新增方形按鈕，方形按鈕的名稱為 "button2"，顯示的文字為 "LCD 顯示控制"，起始位置為 (0,3)，大小為寬 3 高 1，顏色為綠色。

6. 新增文字標籤，文字標籤的名稱為 "label2"，顯示的文字為 "曾希哲製作"，起始位置為 (0,4)，大小為寬 3 高 1，顏色為灰色。

7. 設定 LCD 為 1602，I2C 位址為 0X3F，若無法顯示要更換位址。

8. 清除 LCD 畫面。

9. 關閉背光。

10. 從第 0 列第 0 行開始顯示 "LCD controller"。

重複執行部分：

11. 同步手機上 App 的資料。
12. 如果 "button1" 狀態有更新，則執行 13。
13. 如果 "button1" 的輸入等於 1，則讓內建 LED 亮，否則讓內建 LED 滅。
14. 如果 "switch1" 狀態有更新，則執行 15。
15. 如果 "switch1" 的輸入等於 1，則讓 LCD 背光亮，否則讓 LCD 背光滅。
16. 如果 "button2" 狀態有更新，則執行 17-21。
17. 如果 "button2" 輸入等於 1，則執行 18-21。
18. 清除 LCD 畫面。
19. 從第 0 列第 0 行開始顯示 "Press LCD Button!!"。
20. 延遲 3 秒。
21. 清除 LCD 畫面。
22. 延遲 0.1 秒。

　　控制物件的使用方式可分為三個部分，(1) 同步手機 App 的資料，讓 7697 與手機 App 的資料可以相同，如果兩邊不能同步，下面兩個部分會失效；(2) 偵測控制物件的狀態是否有改變，亦即偵測是否有人去操作控制物件；(3) 讀取控制物件的輸入值，根據讀取到的數值進行後續的控制。

　　本節使用按鈕及開關控制物件做示範，這兩種物件都是屬於數位輸入，輸入結果只有兩種變化**開**及**關**，用數值表示為 **1** 及 **0**，我們在程式中判斷控制物件的輸入進行 LED 及 LCD 的控制。

　　開關和按鈕的差別是開關在撥動後會保持住 1 或 0 不變，按鈕則是按下為 1，釋放為 0，無法保持。實際操作按鈕跟開關控制 LED 可以看出差別。另外 LCD 不是數位輸出，因此無法用開及關做控制，不過我們可以用清除畫面跟顯示文字積木來控制 LCD 顯示文字。

執行結果：

首先啟動手機的藍牙，接著點選手機中 LinkIt Remote 圖示，再由選單中點選 jackjean。

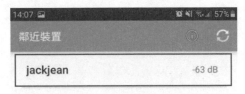

手機螢幕出現我們設計的遙控器畫面。

7697 連接的 LCD 背燈熄滅。

第 **1** 章
LinkIt 7697 及
BlocklyDuino V3 簡介

第 **2** 章
基礎感測模組

第 **3** 章
進階感測模組

第 **4** 章
BLE 藍牙控制

第 **5** 章
WiFi 控制

LCD 螢幕上顯示 "LCD controller"。

　　按下手機螢幕上的「LED ON/OFF」控制按鈕，7697 內建 LED 會發亮，釋放該按鈕，則 LED 熄滅。

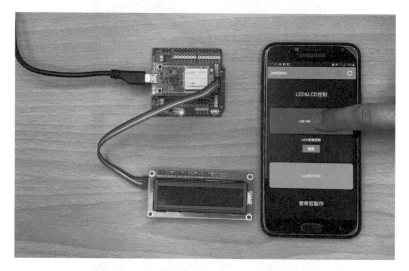

　　按下手機螢幕上的「LCD 背燈控制開關」，該開關會顯示開啟，另外 LCD 背燈會發亮。

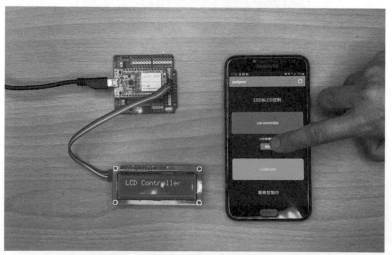

再按下手機螢幕上的「LCD 背燈控制」開關，該開關會顯示關閉，
另外 LCD 背燈會熄滅。

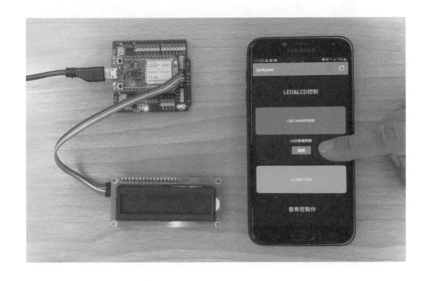

按下手機螢幕上的「LCD 顯示控制」按鈕，LCD 螢幕會顯示 Press
LCD Button!!，3 秒後 LCD 螢幕變成空白。

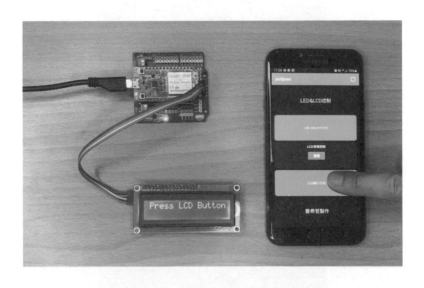

本節介紹單次控制，也就是只有單純開與關的控制，下一節繼續
精彩的連續控制。

第 **1** 章

LinkIt 7697 及
BlocklyDuino V3 簡介

第 **2** 章

基礎感測模組

第 **3** 章

進階感測模組

第 **4** 章

BLE 藍牙控制

第 **5** 章

WiFi 控制

4-3　手機連續控制

開關型的控制物件屬於數位輸入，有開和關兩種變化，可用來控制數位輸出，例如控制 LED 亮或滅，或者是改變 LCD 的顯示內容。另外，我們從前面的實作中，也瞭解到開關型控制物件的按鈕及開關的差異。

4-2 節中所提到的都是屬於單次的控制，按下按鈕讓 LED 亮，釋放按鈕讓 LED 滅，但如果要用按鈕控制伺服馬達，這種連續的控制要如何進行？本節會詳細說明。

首先用兩個按鈕「COUNT 遞增」及「COUNT 遞減」，讓 LCD 顯示數字增加或減少的結果。按下「COUNT 遞增」按鈕數字會增加，而按下「COUNT 遞減」按鈕數字會減少。接著我們來學習如何進行連續控制。

使用零件：

項目	數量
LinkIt 7697	一片
擴充板	一片
Micro USB 線	一條
LCD 顯示模組	一片
母對母杜邦線	四條
Android/iOS 手機或平板	一隻

接線圖：

　　擴充板上有 I²C 介面連接區，按照標示把 LCD 模組跟擴充板對接，輕鬆完成接線，準備繼續撰寫程式。

第 **1** 章
LinkIt 7697 及
BlocklyDuino V3 簡介

第 **2** 章
基礎感測模組

第 **3** 章
進階感測模組

第 **4** 章
BLE 藍牙控制

第 **5** 章
WiFi 控制

積木程式 (4_3_1)：

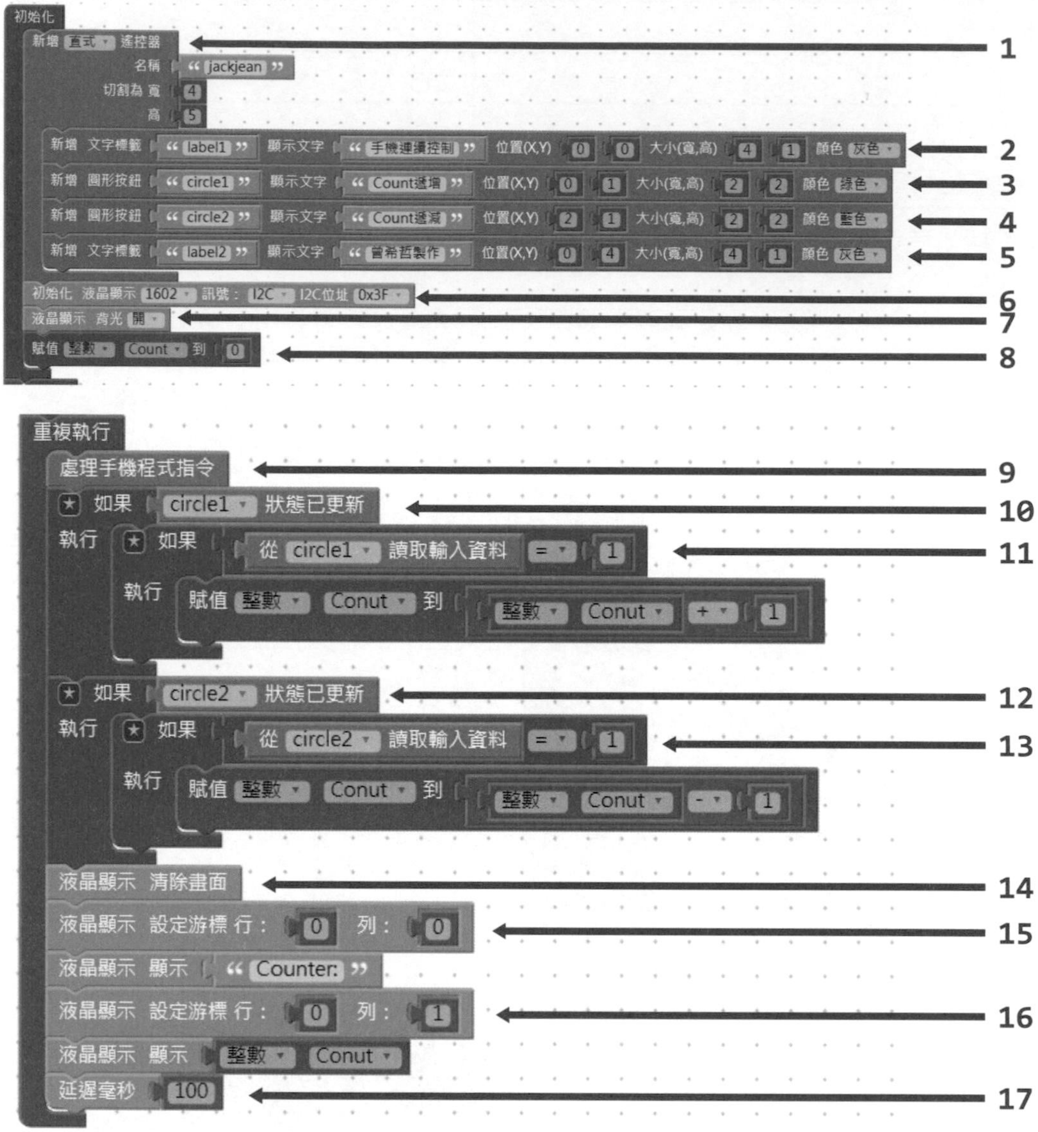

程式說明：

初始化部分：

1. 遙控器為直式顯示，名稱為 "jackjean"，把顯示畫面切割成寬 4 格高 5 格

2. 新增文字標籤，文字標籤的名稱為 "label1"，顯示的文字為 "手機連續控制測試"，起始位置為 (0,0)，大小為寬 4 高 1，顏色為灰色。

3. 新增圓形按鈕，圓形按鈕的名稱為 "circle1"，顯示的文字為 "COUNT 遞增" ，起始位置為 (0,1)，大小為寬 2 高 2，顏色為綠色。

4. 新增圓形按鈕，圓形按鈕的名稱為 "circle2"，顯示的文字為 "COUNT 遞減" ，起始位置為 (2,1)，大小為寬 4 高 1，顏色為藍色。

5. 新增文字標籤，文字標籤的名稱為 "label2"，顯示的文字為 "曾希哲製作"，起始位置為 (0,4)，大小為寬 4 高 1，顏色為灰色。

6. 設定 LCD 為 1602，I2C 位址為 0X3F，若無法顯示要更換位址。

7. 開啟背光。

8. 新增整數變數 Count，並指派初始值為 0。

重複執行部分：

9. 同步手機上 App 的資料。

10. 如果 "circ1e1" 狀態有更新，則執行 11。

11. 如果 "circ1e1" 的輸入等於 1，則讓整數變數 Count 增加 1。

12. 如果 "circ1e2" 狀態有更新，則執行 13。

13. 如果 "circ1e1" 的輸入等於 1，則讓整數變數 Count 減少 1。

14. 清除 LCD 畫面。

15. 從第 0 列第 0 行開始顯示 "Counter:" 。

16. 從第 1 列第 0 行開始顯示整數變數 Count 的內容值。

17. 延遲 0.1 秒。

　　程式中有兩個圓形按鈕分別為「COUNT 遞增」及「COUNT 遞減」，每按 COUNT 累增一次，會讓 LCD 上顯示的數字增加 1，每按 COUNT 遞減一次，則會讓 LCD 上顯示的數字減少 1。

執行結果：

　　首先啟動手機的藍牙，接著點選手機中 LinkIt Remote 圖示，再由選單中點選 jackjean。

第 **1** 章
LinkIt 7697 及 BlocklyDuino V3 簡介

第 **2** 章
基礎感測模組

第 **3** 章
進階感測模組

第 **4** 章
BLE 藍牙控制

第 **5** 章
WiFi 控制

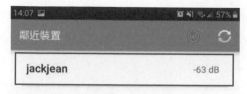

手機螢幕出現我們設計的遙控器畫面。

手機螢幕畫面顯示完成，同時 LCD 螢幕顯示 "Count: 0"。

　　按手機螢幕上「COUNT 遞增」按鈕三次，每按一次 LCD 第一列的數字會遞增 1，最後 LCD 顯示 "Count: 3"。

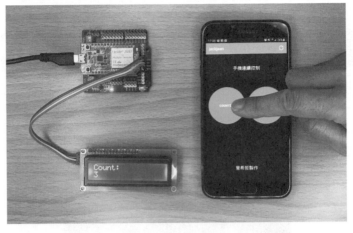

　　按手機螢幕上「COUNT 遞減」按鈕兩次，每按一次 LCD 第一列的數字會遞減 1，最後 LCD 顯示"Count: 1"。

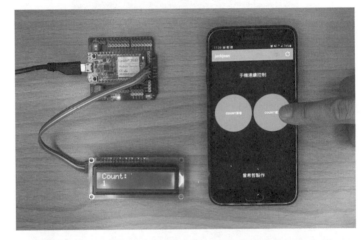

　　再按手機螢幕上「COUNT 遞減」按鈕，最後 LCD 顯示"Count: 0"。

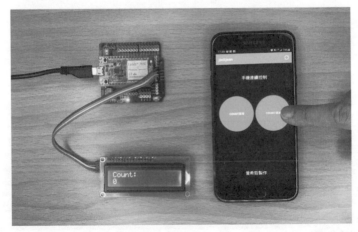

　　本程式執行過程可觀察兩種結果，利用按鈕物件連續遞增及遞減變數的方法。

第 1 章
LinkIt 7697 及
BlocklyDuino V3 簡介

第 2 章
基礎感測模組

第 3 章
進階感測模組

第 4 章
BLE 藍牙控制

第 5 章
WiFi 控制

眼尖的你應該有察覺到異樣，4-2 節的按鈕控制 LED 範例，按下按鈕 LED 會一直保持亮著，直到釋放按鈕才會變暗，但是前面的範例卻是按一次按鈕，數值會增加或減少 1，卻無法保持數值一直增加或一直減少！接下來我們用四種的按鈕，產生不同的動作詳細說明這個問題。

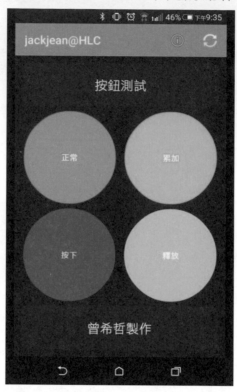

積木程式 (4_3_2)：

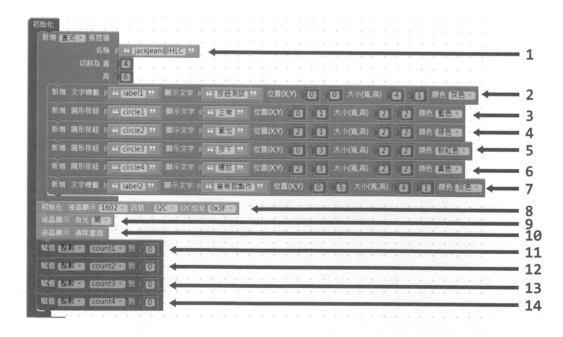

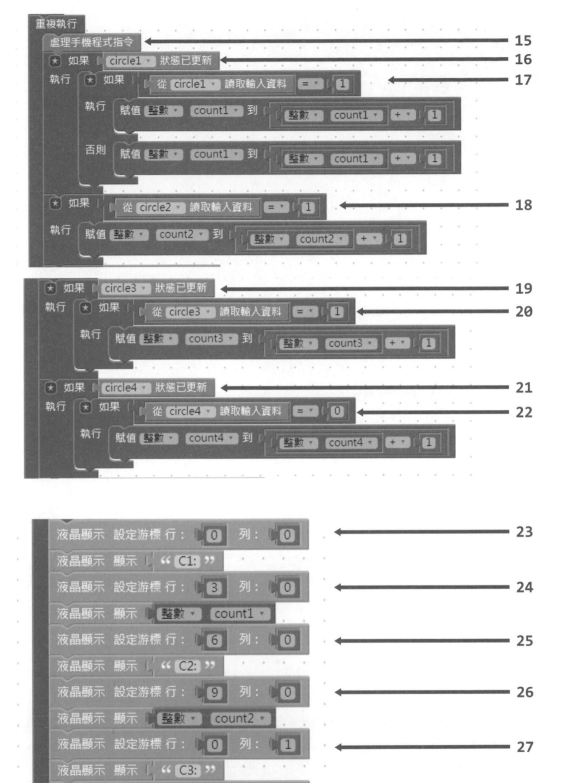

第 **1** 章
LinkIt 7697 及 BlocklyDuino V3 簡介

第 **2** 章
基礎感測模組

第 **3** 章
進階感測模組

第 **4** 章
BLE 藍牙控制

第 **5** 章
WiFi 控制

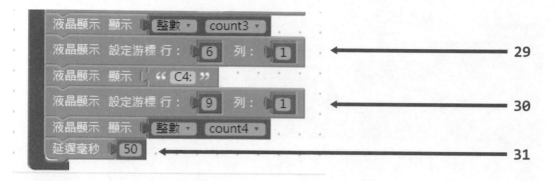

液晶顯示 顯示 [整數 ▾ count3 ▾

液晶顯示 設定游標 行: [6] 列: [1]   ← 29

液晶顯示 顯示 [" C4: "

液晶顯示 設定游標 行: [9] 列: [1]   ← 30

液晶顯示 顯示 [整數 ▾ count4 ▾

延遲毫秒 [50]   ← 31

程式說明：

初始化部分：

1. 遙控器為直式顯示，名稱為 "jackjean@HLC" ，把顯示畫面切割成寬 4 格高 6 格。

2. 新增文字標籤，文字標籤的名稱為 "label1"，顯示的文字為 "按鈕測試" ，起始位置為 (0,0)，大小為寬 4 高 1，顏色為灰色。

3. 新增圓形按鈕，圓形按鈕的名稱為 "circle1"，顯示的文字為 "正常" ，起始位置為 (0,1)，大小為寬 2 高 2，顏色為藍色。

4. 新增圓形按鈕，圓形按鈕的名稱為 "circle2"，顯示的文字為 "累加" ，起始位置為 (2,1)，大小為寬 2 高 2，顏色為綠色。

5. 新增圓形按鈕，圓形按鈕的名稱為 "circle3"，顯示的文字為 "按下" ，起始位置為 (0,3)，大小為寬 2 高 2，顏色為粉紅色。

6. 新增圓形按鈕，圓形按鈕的名稱為 "circle4"，顯示的文字為 "釋放" ，起始位置為 (2,3)，大小為寬 2 高 2，顏色為黃色。

7. 新增文字標籤，文字標籤的名稱為 "label2"，顯示的文字為 "曾希哲製作" ，起始位置為 (0,5)，大小為寬 4 高 1，顏色為灰色。

8. 設定 LCD 為 1602，I2C 位址為 0X3F，若無法顯示要更換位址。

9. 開啟背光。

10. 清除 LCD 畫面。

11. 新增整數變數 Count1，並指派初始值為 0。

12. 新增整數變數 Count2，並指派初始值為 0。

13. 新增整數變數 Count3，並指派初始值為 0。

14. 新增整數變數 Count4，並指派初始值為 0。

重複執行部分：

15. 同步手機上 App 的資料。

16. 如果 "circ1e1" 狀態有更新，則執行 17。

17. 如果 "circ1e1" 的輸入等於 1，也就是按鈕按下時，則讓整數變數 Count1 增加 1，否則，"circ1e1" 的輸入不等於 1，也就是按鈕釋放時，也讓 Count1 增加 1。

18. 如果 "circ1e2" 的輸入等於 1，則讓整數變數 Count2 增加 1，沒有判斷是否狀態更新，只要輸入等於 1，Count2 就會持續增加。

19. 如果 "circ1e3" 狀態有更新，則執行 20。

20. 如果 "circ1e3" 的輸入等於 1，也就是按鈕按下時，則讓整數變數 Count1 增加 1。

21. 如果 "circ1e4" 狀態有更新，則執行 22。

22. 如果 "circ1e4" 的輸入等於 0，也就是釋放按鈕時，則讓整數變數 Count1 增加 1。

23. 從第 0 列第 0 行開始顯示 "C1:"。

24. 從第 3 列第 0 行開始顯示整數變數 Count1 的內容值。

25. 從第 6 列第 0 行開始顯示 "C2:"。

26. 從第 9 列第 0 行開始顯示整數變數 Count2 的內容值。

27. 從第 0 列第 1 行開始顯示 "C3:"。

28. 從第 3 列第 1 行開始顯示整數變數 Count3 的內容值。

29. 從第 6 列第 1 行開始顯示 "C4:"。

30. 從第 9 列第 1 行開始顯示整數變數 Count4 的內容值。

31. 延遲 0.05 秒。

程式中有四個圓形按鈕分別為「正常」(circle1)、「累加」(circle2)、「按下」(circle3) 及「釋放」(circle4)，按下「正常」按鈕 LCD 顯示會增加 1，釋放「正常」按鈕 LCD 顯示也會增加 1，因為按鈕按下及釋放都會讓控制物件的狀態改變，所以「正常」按鈕按下及釋放都會讓「正常」按鈕的狀態改變，接著程式檢查「正常」按鈕的輸入值，不管輸入值是 1 或 0，LCD 顯示會增加 1。

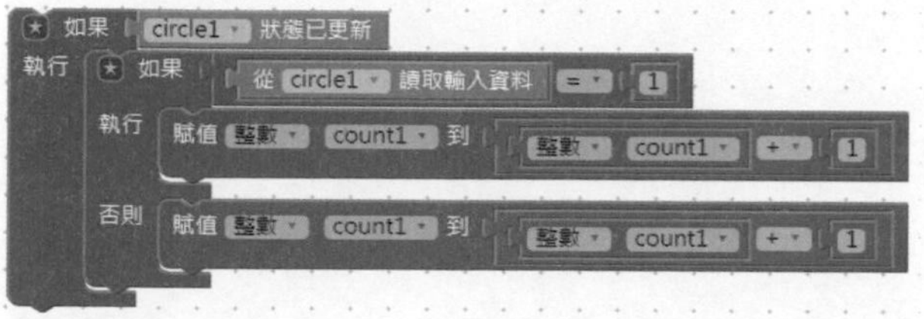

「按下」及「釋放」是「正常」按鈕的改良版，當按下按鈕狀態更新，接著程式檢查「按下」按鈕的輸入值，如果輸入值為 1，則讓 LCD 顯示增加 1，所以按下按鈕只會偵測按鈕按下的瞬間，讓 LCD 顯示增加 1。

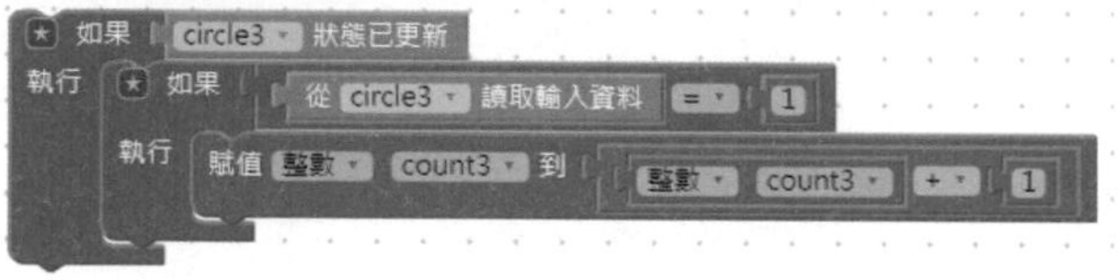

當「釋放」按鈕狀態更新，接著程式檢查「釋放」按鈕的輸入值，如果輸入值為 0，則讓 LCD 顯示增加 1，所以「釋放」按鈕也只會偵測按鈕釋放的瞬間，讓 LCD 顯示增加 1。

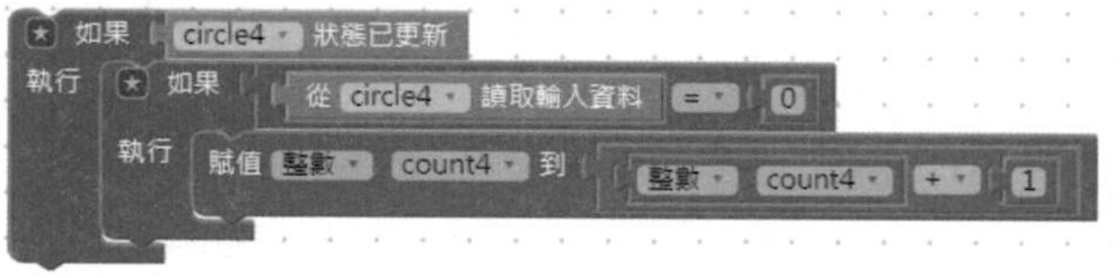

「累加」按鈕按下的結果跟其他三個按鈕完全不同，當按下「累加」按鈕時，LCD 的數字一直不斷增加，因為在程式中「累加」按鈕沒有偵測狀態是否改變，只有偵測「累加」按鈕的輸入值是否為 1，所以只要偵測到「累加」按鈕按下就會增加 1，加上重複執行的作用，LCD 顯示的數值就會一直增加。

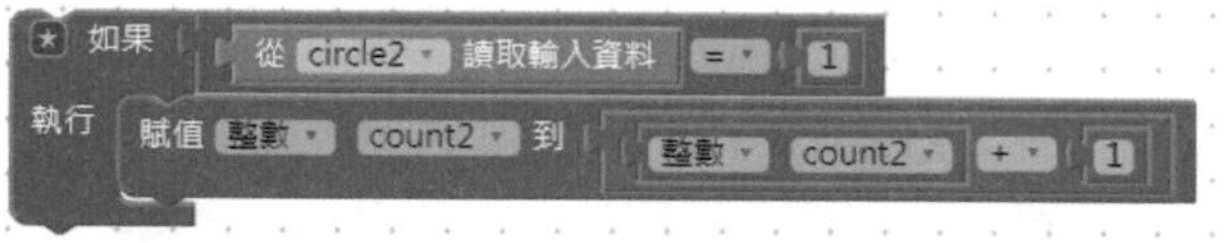

上述的四種按鈕各有不同的結果，程式的寫法都相當簡單，留給聰明的你挑選適當的使用場合。

執行結果：

首先啟動手機的藍牙，接著點選手機中 LinkIt Remote 圖示，再由選單中點選 jackjean。

手機螢幕出現我們設計的遙控器畫面。

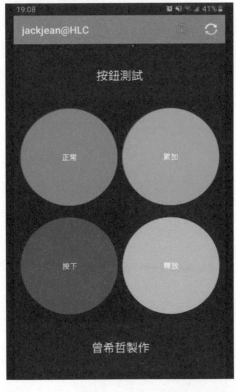

手機螢幕畫面顯示完成，同時 LCD 螢幕顯示第 0 列 "C1: 0 C2: 0"，第 1 列 "C3: 0 C4: 0"。

按下且不釋放手機螢幕中「正常」按鈕，LCD 第 0 列 C1 右側的數字會增加 1，而變成 "1"。

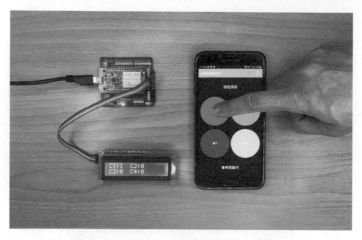

　　釋放「正常」按鈕，LCD 第 0 列 C1 右側的數字會增加 1，而變成
"2"，亦即按下及釋放「正常」按鈕都會讓變數 Count1 增加 1。

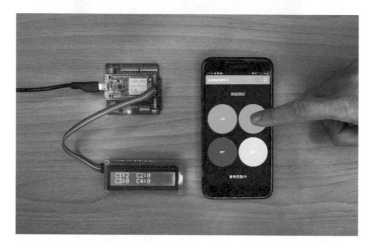

　　按下且不釋放手機螢幕中「累加」按鈕，LCD 第 0 列 C2 右側的數
字會快速地增加。

　　釋放「累加」按鈕，LCD 第 0 列 C2 右側的數字會停止增加，亦即

按下且不釋放「累加」按鈕會讓變數 Count2 持續增加 1，當釋放「累加」按鈕會讓變數 Count2 停止增加。

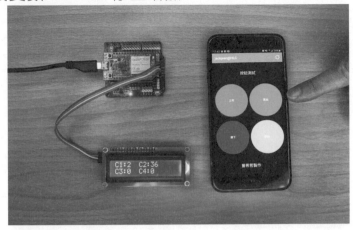

按下且不釋放手機螢幕中「按下」按鈕，LCD 第 1 列 C3 右側的數字會增加 1，而變成 "1"。

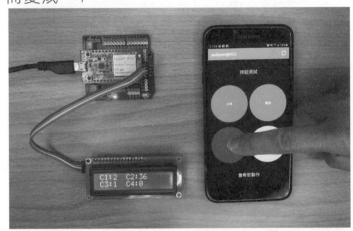

釋放「按下」按鈕，LCD 第 1 列 C3 右側的數字保持不變，亦即按下且不釋放「按下」按鈕會讓變數 Count3 增加 1，當釋放「正常」按鈕變數 Count3 保持不變。

第 1 章
LinkIt 7697 及 BlocklyDuino V3 簡介

第 2 章
基礎感測模組

第 3 章
進階感測模組

第 4 章
BLE 藍牙控制

第 5 章
WiFi 控制

按下且不釋放手機螢幕中「釋放」按鈕，LCD 第 1 列 C4 右側的數字保持不變。

　　釋放「釋放」按鈕，LCD 第 1 列 C4 右側的數字會增加 1，而變成 1，亦即按下且不釋放「釋放」按鈕會讓變數 Count3 保持不變，當釋放「釋放」按鈕會讓變數 Count3 增加 1。

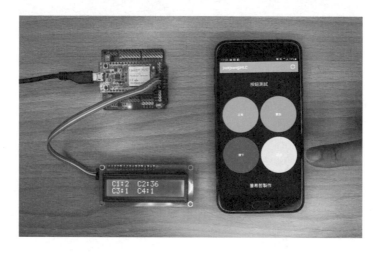

本程式執行過程可觀察四種方法：

1. 利用按下及釋放按鈕物件都可讓變數遞增。
2. 利用按下按鈕物件可讓變數快速且持續遞增。
3. 利用按下按鈕物件可讓變數遞增。
4. 利用釋放按鈕物件可讓變數遞增。

4-4　手機遙控 RGB LED

　　前面的章節介紹了數位型控制物件，本節我們來學習滑桿。在許多手機 App 或網頁中經常可以發現滑桿的蹤跡，只要滑動滑桿就可以改變輸入值，這是一種非數位型的輸入，輸入的最小值和最大值可在程式中設定。本節使用三個滑桿物件遙控三色 LED 模組的亮度，讓我們複習一下如何模擬類比輸出控制 LED 的亮度，最暗為 255，最亮為 0。

　　我們可以玩一玩，用紅燈、藍燈及綠燈調出各種顏色。

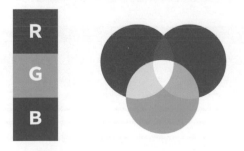

使用零件：

項目	數量
LinkIt 7697	一片
擴充板	一片
Micro USB 線	一條
三色 LED 模組	一片
母對母杜邦線	四條
Android/iOS 手機或平板	一隻

接線圖：

本節範例採用共陽極三色 LED 模組，LED 模組的 V 接腳要接到 7697 板子的 5V，其他三隻 LED 腳則分別接到 7697 數位控制接腳。輕鬆完成接線，準備繼續撰寫程式。

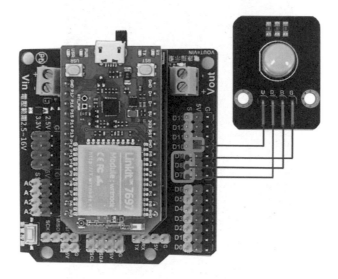

積木程式 (4_4)：

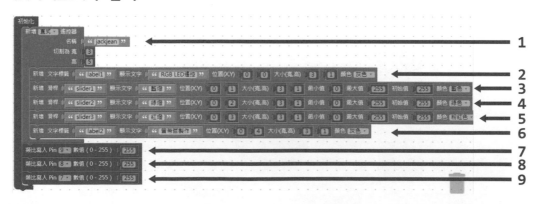

程式說明：

初始化部分：

1. 遙控器為直示顯示，名稱為 "jackjean" ，把顯示畫面切割成寬 3 格高 5 格。

2. 新增文字標籤，文字標籤的名稱為 "label1" ，顯示的文字為 "RGB LED 控制" ，起始位置為 (0,0)，大小為寬 3 高 1，顏色為灰色。

3. 新增滑桿，滑桿的名稱為 "slider1" ，顯示的文字為 "綠燈" ，起始位置為 (0,1)，大小為寬 3 高 1，最小值為 0，最大值為 255，初始值為 255，顏色為藍色。

4. 新增滑桿，滑桿的名稱為 "slider2" ，顯示的文字為 "藍燈" ，起始位置為 (0,2)，大小為寬 3 高 1，最小值為 0，最大值為 255，初始值為 255，顏色為綠色。

5. 新增滑桿，滑桿的名稱為 "slider3" ，顯示的文字為 "紅燈" ，起始位置為 (0,3)，大小為寬 3 高 1，最小值為 0，最大值為 255，初始值為 255，顏色為粉紅色。

6. 新增文字標籤，文字標籤的名稱為 "label2"，顯示的文字為 "曾希哲製作" ，起始位置為 (0,4)，大小為寬 3 高 1，顏色為灰色。

7. 設定數位接腳 D9 的類比寫入數值為 255。

8. 設定數位接腳 D8 的類比寫入數值為 255。

9. 設定數位接腳 D7 的類比寫入數值為 255。

重複執行部分：

10. 同步手機上 App 的資料。

11. 如果 slider1 狀態有更新，則由 slider1 讀取數值，指派到 D8 的 PWM 輸出，控制藍燈的亮度。

12. 如果 slider2 狀態有更新，則由 slider2 讀取數值，指派到 D9 的 PWM 輸出，控制綠燈的亮度。

13. 如果 slider3 狀態有更新，則由 slider3 讀取數值，指派到 D7 的 PWM 輸出，控制紅燈的亮度。

14. 延遲 0.1 秒。

這個程式非常簡單也非常直覺，只要滑桿有變動，就讀取滑桿的輸入值，指派給控制類比輸出的接腳，遙控三色 LED 模組的亮度，可以利用這個範例玩玩光的三原色，調配出各種不同顏色的光。同樣的方法也非常適合用來控制 180 度伺服機，控制伺服機程式（請參考 3-5 節）

執行結果：

首先啟動手機的藍牙，接著點選手機中 LinkIt Remote 圖示，再由選單中點選 jackjean。

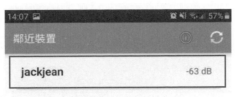

手機螢幕出現我們設計的遙控器畫面。

使用共陽極三色 LED，LED 的初始值全都設定為 255，所以三個顏色的 LED 全滅。

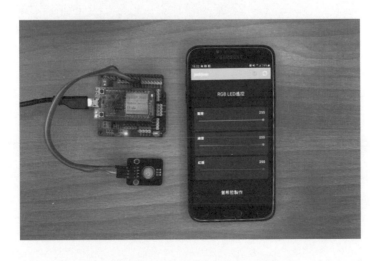

滑動手機螢幕上藍燈滑桿，三色 LED 呈現藍燈，接著測試另外兩種顏色。

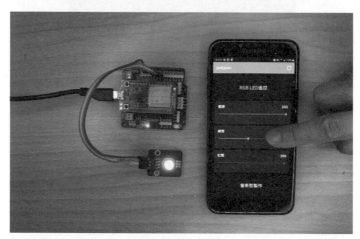

　　把三個滑桿設定不同值，讓三色 LED 合成其他顏色。

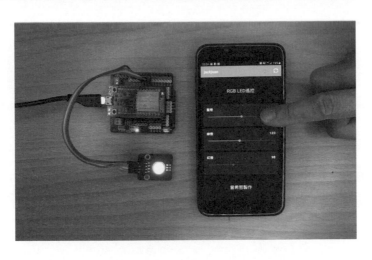

　　前面的遙控器設計，都是把手機的控制資料傳送到 7697，下一節我們繼續要學習，如何從 7697 傳送資料到手機。

第 **1** 章
LinkIt 7697 及
BlocklyDuino V3 簡介

第 **2** 章
基礎感測模組

第 **3** 章
進階感測模組

第 **4** 章
BLE 藍牙控制

第 **5** 章
WiFi 控制

　　遙控器中所有物件都是在程式的初始化區塊中設定位置大小及顯示內容，在重複執行中是無法改變設定的，只有文字標籤可以在重複執行區塊中改變要顯示的文字。本節以文字標籤可以改變顯示的特性，製作手機和 7697 同步顯示的溫溼度計數值。

　　我們用開關切換顯示溫度與濕度數值。

使用零件：

項目	數量
LinkIt 7697	一片
擴充板	一片
Micro USB 線	一條
DHT11 模組	一片

LCD 顯示模組	一片
母對母杜邦線	七條
Android/iOS 手機或平板	一隻

新增積木說明：

選單	積木	說明
遙控器	更新 label1 文字標籤 內容 " "	更新文字標籤內容積木，用途為更新文字標籤內容，第一個參數是設定文字標籤的名稱，第二個參數是更新的內容。請注意，此積木只可使用於重複執行迴圈中。

接線圖：

　　本節使用 DHT11 溫溼度感測模組，偵測環境的溫溼度，另外再接 LCD 顯示模組，用來對照手機上所顯示的結果，輕鬆完成接線，準備繼續撰寫程式。

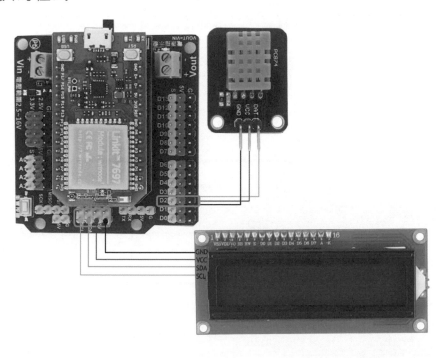

積木程式 (4_5)：

初始化

- 新增 [直式▼] 遙控器 ← 1
  - 名稱 " jackjean "
  - 切割為 寬 [3]
  - 高 [4]
- 新增 文字標籤 " label1 " 顯示文字 " 溫溼度顯示測試 " 位置(X,Y) [0] [0] 大小(寬,高) [3] [1] 顏色 [灰色▼] ← 2
- 新增 文字標籤 " label2 " 顯示文字 " 溫度 " 位置(X,Y) [0] [1] 大小(寬,高) [3] [1] 顏色 [灰色▼] ← 3
- 新增 開關 " switch1 " 顯示文字 " 溫溼度切換 " 位置(X,Y) [0] [2] 大小(寬,高) [3] [1] 顏色 [藍色▼] ← 4
- 新增 文字標籤 " label3 " 顯示文字 " 曾希哲製作 " 位置(X,Y) [0] [3] 大小(寬,高) [3] [1] 顏色 [灰色▼] ← 5
- 初始化 液晶顯示 [1602▼] 訊號：I2C▼ I2C位址 [0x3F] ← 6

重複執行

- 處理手機程式指令 ← 7
- 賦值 [整數▼] [temp▼] 到 溫溼度計 [DHT11▼] 訊號：[2▼] 量測數值：[溫度（°C）▼] ← 8
- 賦值 [整數▼] [humi▼] 到 溫溼度計 [DHT11▼] 訊號：[2▼] 量測數值：[相對濕度（%）▼] ← 9
- ★ 如果 | 從 [switch1▼] 讀取輸入資料 [=▼] [0] ← 10
  - 執行 更新 [label2▼] 文字標籤 內容 | ★ 串接文字 | " 溫度 "
    - [整數▼] [temp▼]
    - " °C "
  - 否則 更新 [label2▼] 文字標籤 內容 | ★ 串接文字 | " 濕度 "
    - [整數▼] [humi▼]
    - " % "

- 液晶顯示 清除畫面 ← 11
- 液晶顯示 設定游標 行：[0] 列：[0] ← 12
- 液晶顯示 顯示 " Temp: "
- 液晶顯示 設定游標 行：[6] 列：[0] ← 13
- 液晶顯示 顯示 [整數▼] [temp▼]
- 液晶顯示 設定游標 行：[0] 列：[1] ← 14
- 液晶顯示 顯示 " Humidity: "
- 液晶顯示 設定游標 行：[10] 列：[1] ← 15
- 液晶顯示 顯示 [整數▼] [humi▼]
- 延遲毫秒 [50] ← 16

程式說明：

初始化部分：

1. 遙控器為直式顯示，名稱為"jackjean"，把顯示畫面切割成寬 3 格高 4 格。

2. 新增文字標籤，文字標籤的名稱為"label1"，顯示的文字為"溫溼度顯示測試"，起始位置為 (0,0)，大小為寬 3 高 1，顏色為灰色。

3. 新增文字標籤，文字標籤的名稱為"label2"，顯示的文字為"溫度"，起始位置為 (0,1)，大小為寬 3 高 1，顏色為灰色，準備做為溫溼度顯示的欄位。

4. 新增開關，開關的名稱為"switch1"，顯示的文字為"溫溼度切換"，起始位置為 (0,2)，大小為寬 3 高 1，顏色為藍色，作為溫溼度顯示的切換。

5. 新增文字標籤，文字標籤的名稱為"label3"，顯示的文字為"曾希哲製作"，起始位置為 (0,3)，大小為寬 3 高 1，顏色為灰色。

6. 設定 LCD 為 1602，I2C 位址為 0X3F，若無法顯示要更換位址。

重複執行部分：

7. 同步手機上 App 的資料。

8. 讀取 DHT11 的溫度值，並指派給整數變數 temp。

9. 讀取 DHT11 的溼度值，並指派給整數變數 humi。

10. 如果 switch1 的輸入等於 0，則讓文字標籤"level2"變更為"溫度"及整數變數 temp 及"℃"的組合，即文字標籤"level2"顯示 DHT11 的溫度值，否則，讓文字標籤"level2"變更為"溼度"及整數變數 humi 及"%"的組合，即文字標籤"level2"顯示 DHT11 的溼度值。

11. 清除 LCD 顯示畫面。

12. 從第 0 列第 0 行開始顯示"Temp:"。

13. 從第 0 列第 6 行開始顯示整數變數 temp 的內容值，即顯示溫度值。

14. 從第 1 列第 0 行開始顯示"Humidity:"。

15. 從第 1 列第 10 行開始顯示整數變數 humi 的內容值，即顯示溼度值。

16. 延遲 0.05 秒。

　　程式中除了前面提到的同步手機資料積木，還有用到更新文字標籤積木，把 7697 收到溫度及濕度傳送給手機，並在手機螢幕中顯示，做成手機版的溫濕度計。

　　當手機螢幕上開關切換到關閉，手機螢幕上的文字標籤顯示溫度當開關切換到開啟，螢幕上則顯示溫度

執行結果：

　　首先啟動手機的藍牙，接著點選手機中 LinkIt Remote 圖示，再由選單中點選 jackjean。

　　手機螢幕出現我們設計的遙控器畫面。

剛開機完成，手機螢幕上的開關為關閉，所以手機螢幕顯示溫度數值，LCD 螢幕則是溫度與濕度同時顯示。

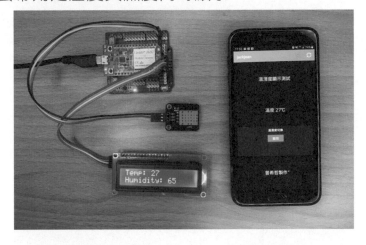

手機螢幕上的開關切換為開啟後，手機螢幕顯示濕度數值，LCD 螢幕則是溫度與濕度同時顯示。

本章介紹 7697 特有的 LRemote App，從手機單次控制至連續控制，再到滑桿物件，最後講到 7697 資料上傳到手機，期盼這好用的 App 在大家的手中創造出更獨特功用的手機藍牙遙控器。

第 **1** 章
LinkIt 7697 及
BlocklyDuino V3 簡介

第 **2** 章
基礎感測模組

第 **3** 章
進階感測模組

第 **4** 章
BLE 藍牙控制

第 **5** 章
WiFi 控制

4-6   延伸練習

4-1 LinkIt Remote App 及手機畫面控制

◎請使用遙控器積木製作出下圖 GamePad 的畫面。
　提示：請使用特殊字元輸入。

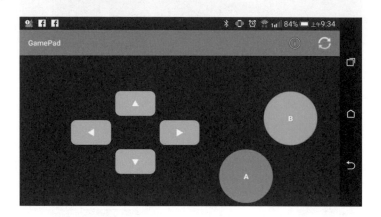

4-2 手機單次控制

◎請用三個開關物件控制三色 LED 模組。

4-3 手機連續控制

◎請用開關物件控制 RGB LED 的亮度。

4-4 手機遙控 RGB LED

◎請用滑桿物件控制伺服機轉動的角度。
◎請用開關物件控制三色 LED 模組的亮度。

4-5 手機溫溼度計

◎請做可顯示攝氏及華氏溫度的手機藍牙溫度計。

WiFi 控制

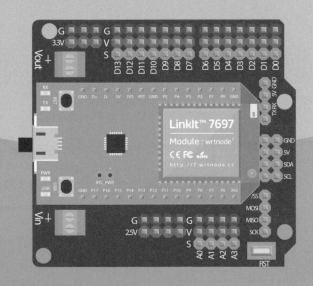

5-1　Wi-Fi 簡介及無線熱點連線

　　當你拿著手機上網時，請問它是透過 Wi-Fi 還是用行動網路來上網呢？很多人弄不清楚自己是用什麼方式連接無線網路。Wi-Fi 上網是連接區域無線網路的基地台，也就是我們平常講的無線熱點或是無線 AP(access point)，再連接有線網路，而行動上網則是利用手機 SIM 卡，連接行動電話的基地台，再以有線方式連結到網際網路。

　　使用 Wi-Fi 上網，首先由無線熱點發出廣播訊息，手機收到廣播訊息後可決定要哪一個熱點連線，決定後再用手機發出登入訊息。熱點確認登入帳號及密碼都正確後會分配一個 IP 地址給手機，最後回傳 IP 地址給手機，手機即可連接網路。接著無線熱點就能根據 IP 地址轉送訊息，就好像郵差會根據信件上地址送信一樣。

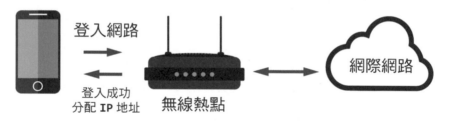

　　目前 Wi-Fi 網路的覆蓋率極高，使用者可以連接無線熱點來連接網際網路，不必額外收費，所以許多物聯網設備是經由無線熱點來連接網際網路的伺服器。LinkIt 7697 板子有 Wi-Fi 網路晶片，可以用前述的方式連接網路，不用再接額外模組，使用非常方便。另外，如果要行動上網需要一張手機的 SIM 卡，所以要額外收費，但在無法取得 Wi-Fi 網路的地方，行動上網會是最便利的解決方案。

　　本章要介紹如何讓 7697 透過 Wi-Fi 連上熱點，而後繼續學習如何連接網際網路的伺服器。首先第一要務是讓 7697 連上無線熱點，所以我們要先準備好無線熱點的連接帳號及密碼，接著開始來寫連接網際網路的第一個程式。

使用零件：

項目	數量
LinkIt 7697	一片

擴充板	一片
Micro USB 線	一條
無線 AP	一台

　　本節介紹如行使用 7697 連接無線熱點，只需要使用 7697 與擴充板，不需要使用其他感測器模組。另外還要準備好 Wi-Fi 無線熱點，如果沒有的話可以用您的智慧型手機作為無線熱點。

新增積木說明：

選單	積木	說明
Wi-Fi	連線到 Wi-Fi AP Wi-Fi ID 〞 〞 Wi-Fi 密碼 〞 〞	連線到 Wi-Fi AP 積木，用途為連線到 Wi-Fi AP，第一個參數是連接 Wi-Fi 的帳號，第二個參數是連接 Wi-Fi 的密碼。
Wi-Fi	取得 Wi-Fi IP 位址	取得 Wi-Fi IP 位址積木，用途為取得 Wi-Fi IP 地址，如果能取得 IP 地址代表已經連接到 Wi-Fi 網路。

注意：Wi-Fi 網路的 IP 位址由四個數字組成，每個數字以「.」符號隔開，例如：192.168.5.250。只要成功連上 Wi-Fi 網路，無線熱點就會給裝置一個 IP 位址。

積木程式 (5_1)：

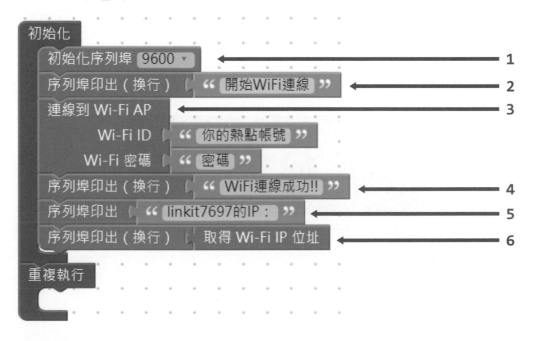

程式說明：

初始化部分：

1. 初始化序列埠，傳輸速度為 9600。
2. 在序列埠視窗中顯示 "開始 WiFi 連線"，顯示後換行。
3. 用 "你的熱點帳號" 及 "密碼"，連接到無線熱點。
4. 執行完 3 表示已經連接到無線熱點，所以在序列埠監看視窗中顯示 "WiFi 連線成功 !!"，顯示後換行。
5. 在序列埠視窗中顯示 "linkit7697 的 IP："。
6. 在序列埠視窗中顯示 7697 的 IP 位址，再次確認連線熱點成功。

　　積木 3 是整個程式的核心，用 Wi-Fi 熱點帳號及密碼連上無線熱點後，程式才會繼續往下執行，所以程式能執行到積木 4 時，表示已經連上熱點，接著顯示 IP 地址。連線無線熱點是本章會重複使用的部分，網路連線成功後，才能透過網路請求服務。

執行結果：

　　程式開始執行顯示 "開始 WiFi 連線"，數秒後連線完成，完成後會顯示 "WiFi 連線成功 !!" 及 "LinkIt7697 的 IP：192.168.43.16"，該 IP 位址為 Wi-Fi 熱點所分配。由於 7697 沒有安裝天線，所以收訊的效果不佳。如果無法連線成功，請將 7697 與熱點的距離拉近，或檢查帳號及密碼是否正確。

第 **1** 章

LinkIt 7697 及 BlocklyDuino V3 簡介

第 **2** 章

基礎感測模組

第 **3** 章

進階感測模組

第 **4** 章

BLE 藍牙控制

第 **5** 章

WiFi 控制

5-2　網路校時時鐘

　　講到電腦網路時一定會提到協定 (protocol)，聽起來非常重要，但到底什麼是協定？簡單地來說協定是指規則，例如電話鈴響起時，接聽電話的人會說「喂~」，接下來由打電話的人說明來意，如果接聽電話的人一開口說了一連串的台語，對方如果也講台語，接下來就會用台語進行溝通，最後要通話結束，雙方會說「再見」。可見電話溝通有協定存在。

　　在網際網路上的電腦之間有各式各樣的資料要交換，所以訂有許多的通訊協定，每一種通訊協定都是一種交換資料的規則，如同前述電話溝通的規則一般。本節要使用的通訊協定是 NTP(network time protocol，網路時間協定)，透過 NTP 可從網路中取得標準時間。在網路中提供服務的電腦叫做伺服器 (server)，發出請求服務的電腦叫做客戶端 (client)，由客戶端電腦透過網路向 NTP 伺服器索取標準時間，伺服器收到請求後再回傳標準時間給客戶端，當客戶端收到標準時間再加上傳送時間就能得到正確的時間。

　　原本的 BlocklyDuino 是沒有本節使用的積木，筆者測試 7697 連接 NTP 伺服器時，發現 7697 內建有 RTC（Real Time Clock，硬體時鐘)，所以建議聯發科的研發單位新增本節要介紹的 NTP 及 RTC 積木。RTC 是指可以像時鐘一樣輸出實際時間的電子裝置，又稱為硬體時鐘，從 NTP 伺服器取得的時間，可以放進 RTC 硬體時鐘裡，RTC 放入時間後就會開始計算時間，當我們想要知道時間，把 RTC 裡的時間取出即可得知正確時間，

本節介紹的網路校時時鐘，實際運作方式為 7697 透過 Wi-Fi 網路向 NTP 伺服器取得正確時間，並放入 RTC 中開始計時。想知道現在日期及時間，只要從 RTC 中取得並在 LCD 中顯示目前日期及時間，即可完成網路校時時鐘。有了網路校時時鐘，再也不怕時鐘變快或變慢，還可以為自己的時鐘打造精采的功能。

使用零件：

項目	數量
LinkIt 7697	一片
擴充板	一片
Micro USB 線	一條
LCD 顯示模組	一片
母對母杜邦線	四條
無線 AP	一台

接線圖：

擴充板上有 I²C 介面連接區，按照標示把 LCD 模組跟擴充板對接，輕鬆完成接線，準備繼續撰寫程式。

新增積木說明：

選單	積木	說明
時間	從網際網路取得目前的時間字串（UTC+8時區）	從網際網路取得目前的時間字串(UTC+8 時區) 積木，用途為從 NTP 伺服器取得正確的時間。
時間	用字串設定 RTC（硬體時鐘）的日期與時間	用字串設定 RTC(硬體時鐘) 的日期與時間積木，用途為設定 RTC 的日期與時間，可以用 NTP 取得的時間或是自行設定的時間。
時間	抓取 RTC（硬體時鐘）目前的時間	抓取 RTC(硬體時鐘) 目前的時間積木，用途為從 RTC 讀取目前時間。
時間	取得日期時間字串中的 年	取得日期時間字串中的日期或時間積木，用途為從日期時間字串取得年，其中參數有年、月、日、時、分或秒。

積木程式 (5_2)：

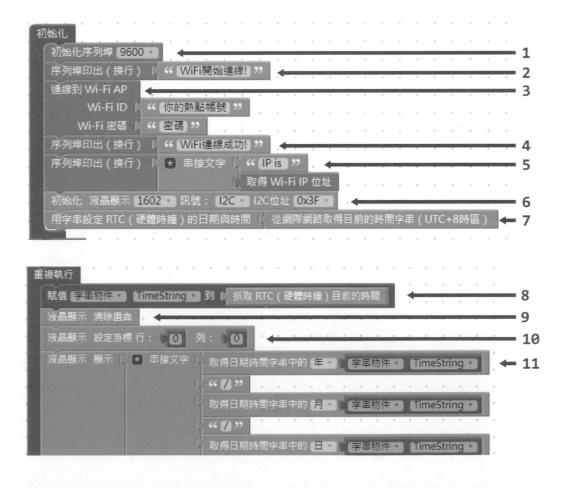

第 1 章
LinkIt 7697 及 BlocklyDuino V3 簡介

第 2 章
基礎感測模組

第 3 章
進階感測模組

第 4 章
BLE 藍牙控制

第 5 章
WiFi 控制

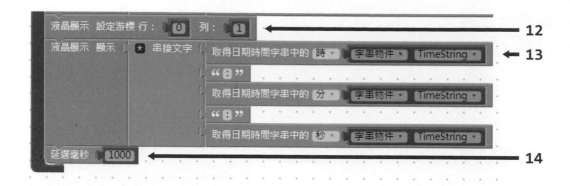

程式說明：

初始化部分：

1. 初始化序列埠，傳輸速度為 9600。
2. 在序列埠視窗中顯示 "開始 WiFi 連線"，顯示後換行。
3. 用 "你的熱點帳號" 及 "密碼"，連接到無線熱點。
4. 執行完積木 3 表示已經連接到無線熱點，所以在序列埠監看視窗中顯示 "WiFi 連線成功!"，顯示後換行。
5. 在序列埠視窗中顯示 "IP is " 及 7697 的 IP 地址，再次確認連線熱點成功。
6. 設定 LCD 為 1602，I2C 位址為 0X3F，若無法顯示要更換位址。
7. 從 NTP 伺服器中取得正確的日期及時間，並將讀取到的日期及時間設定 RTC 的日期及時間。

重複執行部分：

8. 讀取 RTC 的日期及時間，並指派給字串變數 TimeString。
9. 清除 LCD 顯示畫面。
10. LCD 游標移到第 0 列第 0 行。
11. 在 LCD 顯示字串變數 TimeString 中的「年 / 月 / 日」。
12. LCD 游標移到第 1 列第 0 行。
13. 在 LCD 顯示字串變數 TimeString 中的「時 : 分 : 秒」。
14. 延遲 1 秒。

從 NTP 伺服器讀取標準時間，再將標準時間設定給 RTC，這個概念很簡單，但用文字型程式語言撰寫，會變得非常複雜，不過有了積木程式語言的協助，除了前述的功能再加上把標準時間顯示在 LCD 螢幕，全部功能用短短的積木程式即可完成，積木程式可以讓你的想法快速完成成品，如果還想更深入研究細節部分，可切換到 Arduino 選項，觀察並修改 Arduino 程式。

執行結果：

LCD 顯示器的第 1 列顯示日期，第 2 列顯示時間，每隔 1 秒變化顯示內容。

第 **1** 章
LinkIt 7697 及 BlocklyDuino V3 簡介

第 **2** 章
基礎感測模組

第 **3** 章
進階感測模組

第 **4** 章
BLE 藍牙控制

第 **5** 章
WiFi 控制

如果孩子上學到校或是下課到才藝班上課時，透過刷卡可以經由 LINE 傳送簡訊給家人報平安，家人收到簡訊後肯定寬心不少，本節帶大家做刷卡透過 Wi-Fi 無線網路傳送 LINE 簡訊。

要自動傳送 LINE 簡訊，最簡單的方式就透過 IFTTT(if this then that) 網站來自動連結各種網路服務。IFTTT 是指某個網路服務 A 發生某個條件後，可透過 IFTTT 觸發另一個網路服務 B 進行某個反應行動。接下來我們準備建立 IFTTT 的帳號，並設定 IFTTT 發送 LINE 訊息。

進入 IFTTT 網站，網址為 https://ifttt.com/，選擇「Sign up」來註冊。

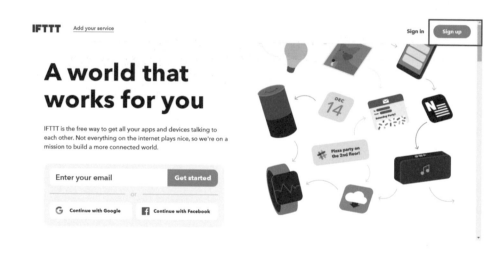

繼續選擇「Sign up」

填寫email作為帳號，再繼續填寫密碼，選擇「Sign up」完成註冊。

第 **1** 章
LinkIt 7697 及
BlocklyDuino V3 簡介

第 **2** 章
基礎感測模組

第 **3** 章
進階感測模組

第 **4** 章
BLE 藍牙控制

第 **5** 章
WiFi 控制

註冊完畢，再回到 IFTTT 首頁，選擇「X」，準備設定新的服務。

點選「My Applets」。

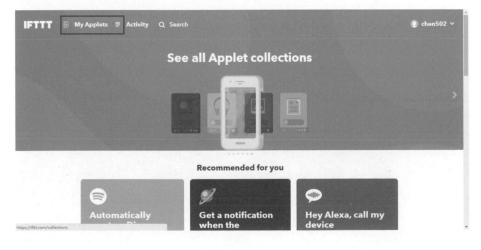

點選「New Applet」來設定新的觸發事件。

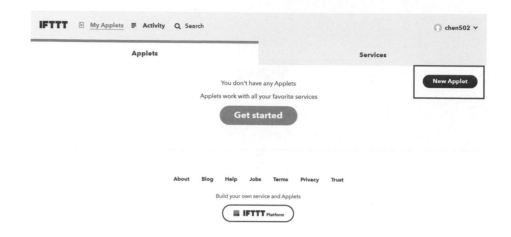

選擇「+this」，設定新的觸發條件

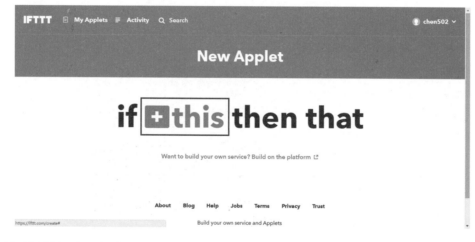

準備選擇觸發的服務。

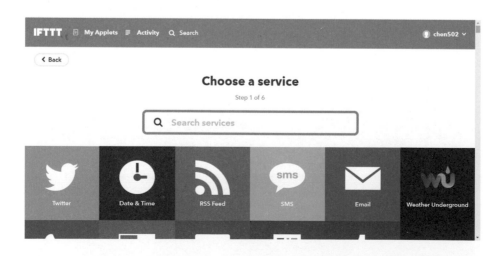

可以用的服務太多了。，請在搜尋方塊中輸入"web"，並選擇
「Webhooks」。

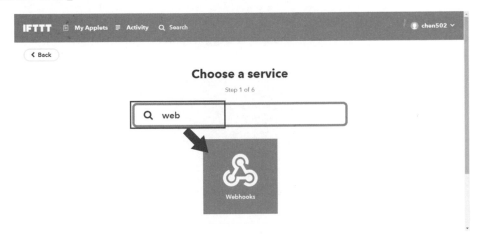

準備連結到 Webhooks，選擇「Connect」。

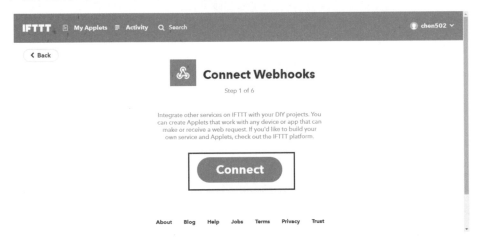

選擇「Receive a web request」，用收到一個網路需求做為觸發條件。

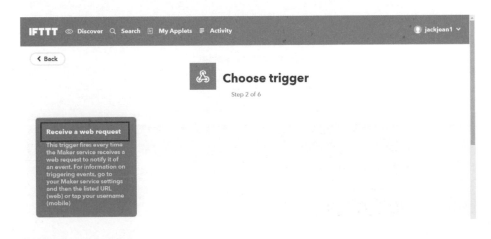

第 **1** 章
LinkIt 7697 及
BlocklyDuino V3 簡介

第 **2** 章
基礎感測模組

第 **3** 章
進階感測模組

第 **4** 章
BLE 藍牙控制

第 **5** 章
WiFi 控制

填寫觸發事件的名稱，在 Event Name 空格中填入"IFTTT_trigger"，接下來點選「Create trigger」。

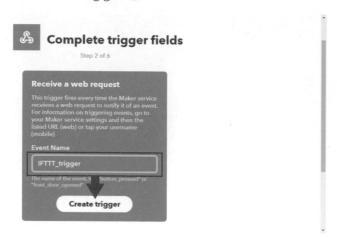

點選「+that」，設定收到觸發條件後啟動的服務。

準備設定啟動的服務。

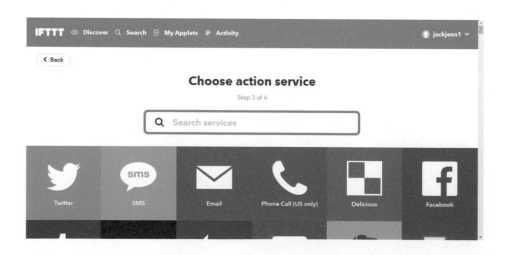

使用搜尋的方式，鍵入 "Line"，找到 LINE 後，點選「LINE」。

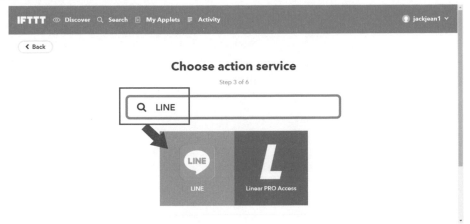

點選「Connect」，準備設定連結 LINE 的帳號。

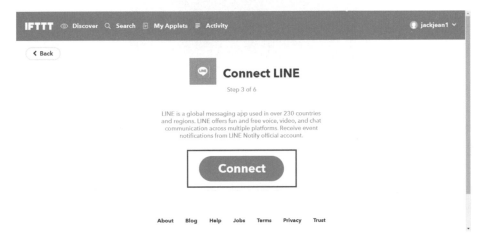

輸入你的 LINE 帳號及密碼，點選「登入」。

點選「同意並連動」，讓 IFTTT 可以連動 LINE。

點選「同意並連動」後，手機上的 LINE 就會收到 LINE Notify 的通知簡訊。

點選「Send message」，設定啟動 LINE 服務要傳送訊息。

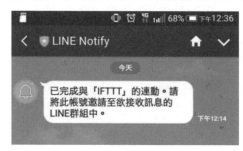

準備修改訊息內容，Value1、Value2 及 Value3 是由網頁需求中傳遞過來的值。

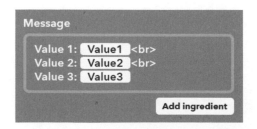

修改訊息內容為 "您好！Value1 已經到學校了！"

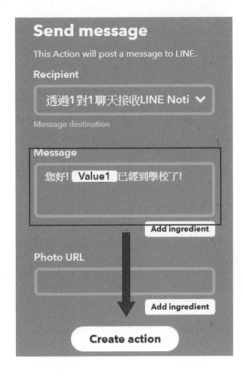

點選「Finish」

點選 ，準備測試。

點選「Documentation」。

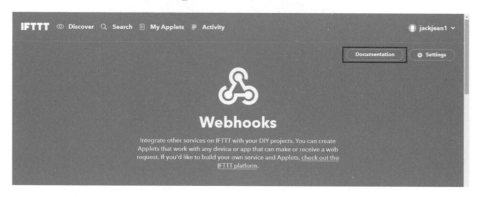

　　Event 中填入" IFTTT_trigger "，Value1 中填入 "曾希哲"，我們在前面傳送訊息設定中，只設定傳送 Value1，最後點選「Test It」。

注意：事件名稱是『IFTTT_trigger』，還有『Your key is:』後面的數字跟
　　　英文字母，這是要觸發事件的密碼。

手機 LINE App 收到簡訊，簡訊內容與設定相同，測試成功。

在前面的IFTTT帳號設定裡，密碼由IFTTT產生，每個人都會不同。接下來，我們要用 IFTTT 的設定完成刷卡傳送 LINE 簡訊的程式。

使用零件：

項目	數量
LinkIt 7697	一片
擴充板	一片
Micro USB 線	一條
RC522 模組	一片
蜂鳴器模組	一片
母對母杜邦線	九條
無線 AP	一台

接線圖:

　　擴充板上有 SPI 介面連接區,按照標示把 RC522 模組跟擴充板對接,注意電源為 3.3V,最後再接上蜂鳴器,輕鬆完成接線,準備繼續撰寫程式。

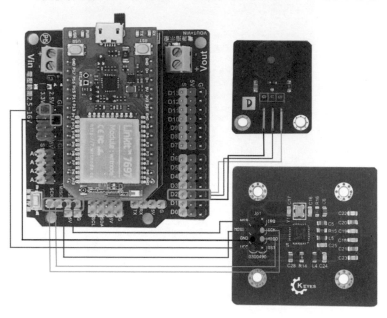

新增積木說明:

選單	積木	說明
時間	觸發 IFTTT 事件 事件　**event name** 認證碼(Key)　**your IFTTT key** 參數1 參數2 參數3	觸發 IFTTT 事件積木,用途為觸發 IFTTT 事件,第一個參數為事件名稱,第二個參數為觸發事件的密碼,其餘三個參數為送到 IFTTT 轉發的資料。

積木程式 (5_3):

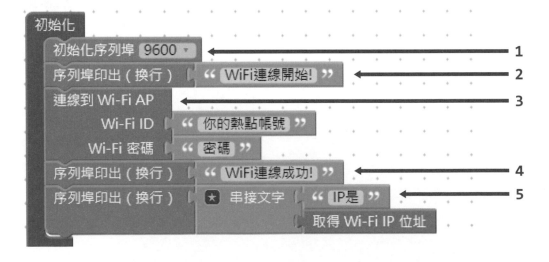

第 **1** 章
LinkIt 7697 及
BlocklyDuino V3 簡介

第 **2** 章
基礎感測模組

第 **3** 章
進階感測模組

第 **4** 章
BLE 藍牙控制

第 **5** 章
WiFi 控制

請先執行 3-5 節讀取 RFID 卡號程式，取得你的 RFID 卡號，再填入本程式中。

程式說明：

初始化部分：

1. 初始化序列埠，傳輸速度為 9600。

2. 在序列埠視窗中顯示"開始 WiFi 連線"，顯示後換行。

3. 用"你的熱點帳號"及"密碼"，連接到無線熱點。

4. 執行完積木 3 表示已經連接到無線熱點，所以在序列埠視窗中顯示"WiFi 連線成功!"，顯示後換行。

5. 在序列埠視窗中顯示"IP 是"及 7697 的 IP 地址，再次確認連線熱點成功。

重複執行部分：

6. 讀取 RFID 卡的卡號，並指派給字串變數 CardNo。

7. 如果字串變數 CardNo 不等於空字串，亦即有讀取到 RFID 卡，則執行 8-13。

8. 在序列埠不換行顯示 "RFID 卡號為"。

9. 在序列埠換行顯示字串變數 CardNo 的內容值，即顯示 RFID 卡
的卡號。

10. 蜂鳴器發出嗶一聲。

11. 如果字串變數 CardNo 等於你的 RFID 卡號，則執 12-13。

12. 觸發 IFTTT 事件並傳送姓名作為參數，傳送 LINE 簡訊。

13. 在序列埠換行顯示 "觸發 IFTTT 事件"。

14. 延遲 5 秒。

　　程式首先連線 Wi-Fi 熱點，接著讀取 RFID 卡的卡號，如果讀取到
卡號則發出嗶一聲，提醒使用者已經讀取到卡片，繼續判斷 RFID 卡號
是否為觸動 IFTTT 事件的卡號，如果卡號正確，則以你的姓名作為參數
觸發 IFTT 事件，傳送前述設定的 LINE 簡訊。

執行結果：

　　序列埠視窗中依序顯示 "WiFi 開始連線"、"WiFi 連線成功" 及 "IP 是
192.168.43.16"，如果有讀取到 RFID 卡號時，顯示出卡號，如果卡號正確，
則顯示觸發 IFTTT 事件。另一張圖片為觸發 IFTTT 事件後手機收到 LINE 簡訊
的畫面。

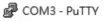

RFID 卡號不正確
RFID 卡號正確，觸發 IFTTT
事件

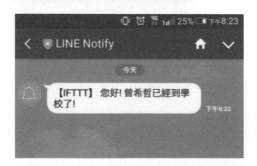

5-4　MCS 介紹及網頁遠端監控 LED

　　MediaTek Cloud Sandbox(簡稱 MCS) 是聯發科技公司的物聯網服務平台，透過 MCS 可以遠端遙控 7697 的接腳動作，還可以檢視接腳的狀態，甚至可以檢視感測器的數值，要做到這些遠端遙控的功能只需做網頁的設定，不用撰寫任何程式，對於學習遠端遙控而言，是個簡單易用的雲端工具。

　　本節使用 MCS 遠端監控 7697 內建的 LED，使用 MCS 之前要先完成註冊，請準備個人的 email 帳號，即可完成註冊。首先進入 MCS 網站，網站網址如下：https://mcs.mediatek.com/zh-TW/

　　進入網站後點選「登入 / 註冊」。

　　選擇「建立一個帳號」。

填妥建立帳號的資料，其中的 email 要填可以收到電子郵件的信箱帳號，填完後點選「送出」。

　　送出註冊資料後，MCS 會發送確認信給註冊填的 email 帳號，請到該帳號收信，並點選確認超連結。

　　接著用申請的 email 帳號及密碼登入，登入後會有填寫個人資料的手續，要填妥必填欄位後，選擇更新，若無法選擇更新，請檢查**您對以上功能感興趣嗎？**選項是否選擇，選擇完該項再點選「更新」，即可進入 MCS 使用畫面。

第 **1** 章

LinkIt 7697 及
BlocklyDuino V3 簡介

第 **2** 章

基礎感測模組

第 **3** 章

進階感測模組

第 **4** 章

BLE 藍牙控制

第 **5** 章

WiFi 控制

登入 MCS 後的畫面，畫面中提示使用者要進行三個步驟，第一建立產品原型，第二新增資料通道，最後替產品原型建立測試裝置，以下我們繼續介紹這三個步驟。

點選「開發」，產生下拉選單，再點選「原型」。

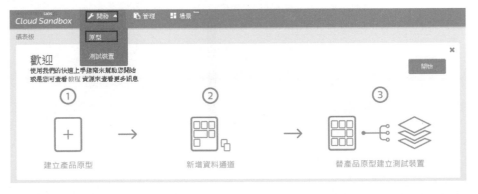

點選「創建」。

馬上創建原型!

創建

　　創建原型畫面中，產品原型名稱填入"LED Control "，產品原型版本填入"1.0 "，硬體平台選擇「LinkIt 7697(MT7697)」，產業選擇「教育」，應用程式選擇「小學及中學教育」，最後點選「儲存」。

創建原型

填寫以下資訊或 匯入 JSON 檔.

產品原型名稱 *	LED Control
產品原型版本 *	1.0
硬體平台 *	LinkIt 7697 (MT7697)
描述	輸入產品原型描述
產業 *	教育
應用程式 *	小學及中學教育
上傳影像	將您想選擇的圖片拖拉於此 建議使用 836 X 980 像素。

上傳

取消　儲存

點選新建立原型中的「詳情」。

進入建立資料通道畫面，MCS 安排一連串的說明，可選擇「下一步」把全部的說明看完，或者不看說明直接點選「退出」。

點選新增資料通道畫面中的「新增」。

點選控制器中的「新增」。

新增通道畫面中，資料通道名稱填入 "LED_Contrl"，資料通道 Id 填入 "LED_Control"，資料型態選擇「開關」，最後選擇「儲存」。

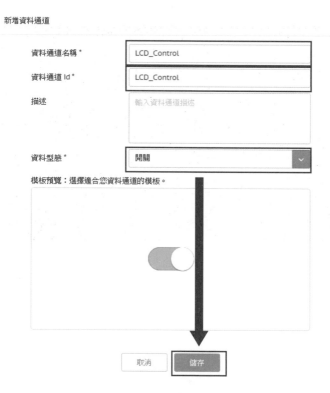

下圖右側為已經建立完成的控制通道，繼續點選「新增」來建立顯示器。

點選顯示器中的「新增」。

新增資料通道畫面中，資料通道名稱填入 "LED_Status"，資料通道Id填入 "LED_Status"，資料型態選擇「開關」，最後點選「儲存」。

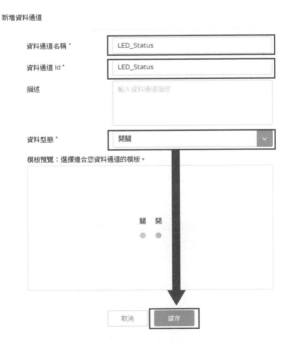

點選「創建測試裝置」，下圖的下方兩個資料通道是前述步驟建立完成。

創建測試裝置畫面中，裝置名稱填入 "LED_Control"，接著點選「創建」。

測試裝置成功產生，點選「詳細資料」。

成功！

測試裝置已成功產生！
您可以在「我的裝置」頁面看到它的詳細資料

測試裝置建立完成，下圖中 Deviceid 及 Devicekey 是使用 MCS 的 LED_Control 測試裝置的帳號及密碼，應盡可能保密，在寫程式時會用到，另外兩個資料通道 id 在寫程式時也會用到。

由上述設定過程可知，MCS 的資料通道可分成兩種，分別為控制通道及顯示通道，此兩種通道的流向都是單向，對 MCS 而言，控制通道是輸出，顯示通道是輸入，另外還有一種通道是雙向，目前仍未開放使用。

使用零件：

項目	數量
LinkIt 7697	一片
擴充板	一片
Micro USB 線	一條
無線 AP	一台

本節使用 MCS 雲端平台監控 7697 內建 LED，無需使用其他模組，也無須接線即可進行實作。

新增積木說明：

選單	積木	說明
MCS	連線到 MCS DeviceID DeviceKey	連線到 MCS 積木，用途為透過網際網路連線到 MCS 平台，第一個參數是 DeviceID，第二個參數是 Devicekey，此兩個參數在 MCS 平台建立測試裝置後會自動產生，其他參數為連接通道的種類。
MCS	新增 MCS 開關（可切換） 控制通道	新增 MCS 控制通道積木，用途為配合連線到 MCS 積木，新增 MCS 控制通道，第一個參數是控制通道的類型，第二個參數是通道 ID。

MCS	新增 MCS 開關 (布林值) ▾ 顯示通道 ﹝ " ■ " ﹞	新增 MCS 顯示通道積木，用途為配合連線到 MCS 積木，新增 MCS 顯示通道，第一個參數是顯示通道的類型，第二個參數是通道 ID。
MCS	和 MCS 同步	和 MCS 同步積木，用途為讓 7697 與 MCS 的資料同步。
MCS	MCS ﹝ " ■ " ﹞ 控制通道已更新	MCS 控制通道更新積木，用途為讀取控制通道是否已更新，參數為控制通道 ID。
MCS	讀取 ﹝ " ■ " ﹞ 控制通道數值	讀取控制通道數值積木，用途為讀取控制通道的數值，參數為控制通道 ID。
MCS	更新 ﹝ " ■ " ﹞ 顯示通道數值為 ◀	更新顯示通道數值積木，用途為更新 MCS 顯示通道的數值，第一個參數是顯示通道 ID，第二個參數是欲更新的數值。

積木程式 (5_4)：

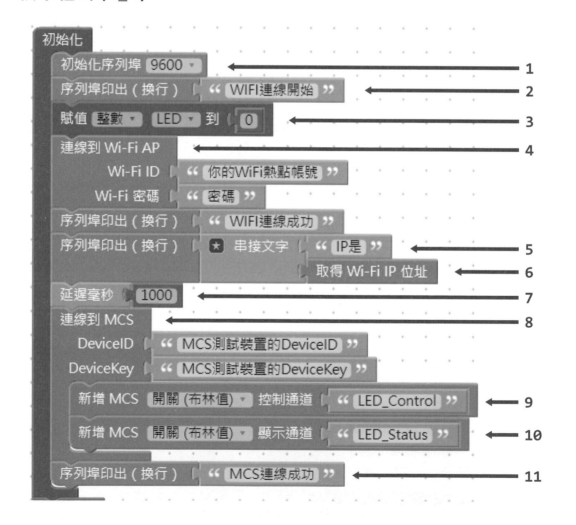

第**1**章

LinkIt 7697 及
BlocklyDuino V3 簡介

第**2**章

基礎感測模組

第**3**章

進階感測模組

第**4**章

BLE 藍牙控制

第**5**章

WiFi 控制

程式說明：

初始化部分：

1. 初始化序列埠，傳輸速度為 9600。

2. 在序列埠視窗中顯示 "開始 WiFi 連線"，顯示後換行。

3. 新增整數變數 LED，並指派為 0。

4. 用 "你的熱點帳號" 及 "密碼"，連接到無線熱點。

5. 執行完 3 表示已經連接到無線熱點，所以在序列埠視窗中顯示 "WiFi 連線成功"，顯示後換行。

6. 在序列埠視窗中顯示 "IP 是" 及 7697 的 IP 地址，再次確認連線熱點成功。

7. 延遲 1 秒。

8. 連線到 MCS，其中 DeviceID 及 DeviceKey 是 MCS 上設定測試裝置所產生

9. 新增 MCS 的控制通道，通道名稱為 "LED_Control"。

10. 新增 MCS 的顯示通道，通道名稱為 "LED_Status"。

11. 執行完 8 表示已經連接到 MCS，所以在序列埠監看視窗中顯示 "MCS 連線成功"，顯示後換行。

重複執行部分：

12. 和 MCS 的資料同步。

13. 接收控制通道 LED_Control，如果控制通道 LED_Control 的狀態有更新，則執行 14-16。

14. 在序列埠視窗中顯示 "LED 控制信號更新:"。

15. 在序列埠視窗中顯示控制通道 LED_Control 的數值，顯示後換行，可用此顯示結果與 MCS 上的操作核對。

16. 如果控制通道 LED_Control 的數值為 1，則執行內建 LED 設定為高電位，即點亮 LED，再將整數變數 LED 指派為 1，否則執行內建 LED 設定為低電位，即熄滅 LED，再將整數變數 LED 指派為 0。

17. 用整數變數 LED 的數值更新顯示通道 LED_Status，把 7697 的 LED 動作回傳到 MCS。

　　使用網際網路服務需要進行兩個步驟，首先要連接 Wi-Fi 熱點，接下來透過 Wi-Fi 無線網路，連結網際網路的服務，所以程式初始化的部分，首先連結 Wi-Fi 熱點，連接成功後，繼續連接 MCS 雲端平台，兩者連線完成後，才能開始使用 MCS 的資料通道。

　　本節使用兩種資料通道，分別為控制通道及顯示通道，MCS 的資料通道與藍牙的控制物件程式寫法相同，操作控制通道要做三件事情：

1. 和 MCS 同步。

2. 通道狀態是否變動。

3. 讀取通道的數值，利用此數值再做後續的控制。

操作顯示通道只需做兩件事情：

1. 和 MCS 同步。

2. 更新顯示通道的數值。

　　本節範例以 MCS 的開關控制通道遙控 7697 內建的 LED，再把控制結果回傳 MCS，用 MCS 開關顯示通道顯示遙控的結果，讓控制端可以看到遙控後的結果，

執行結果：

MCS 雲端平台中測試裝置的操作及顯示結果。

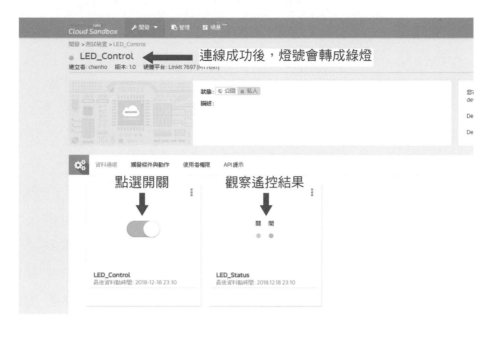

當 MCS 控制通道更新時，序列埠視窗上的顯示結果。

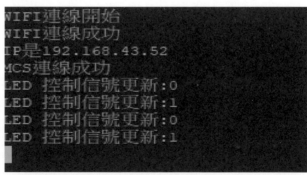

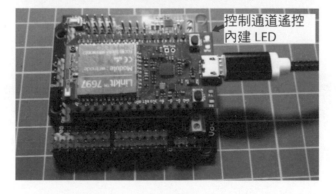

第 1 章
LinkIt 7697 及 BlocklyDuino V3 簡介

第 2 章
基礎感測模組

第 3 章
進階感測模組

第 4 章
BLE 藍牙控制

第 5 章
WiFi 控制

5-5　雲端溫溼度監控

　　前一節介紹 MCS 遠端遙控 LED 的亮滅，無論距離多麼遙遠，只要能夠連上網際網路，都可以輕易做到遠端遙控。接著我們學習物聯網中最重要的功能　感測資料蒐集，無論在感測模組安裝在何處，都可透過網際網路把感測數值傳送到 MCS 儲存及繪圖，甚至可以設定數值超過某值之後，立刻通知負責人員。

　　本節使用 7697 及 DHT11 溫濕度感測模組感測溫溼度的數值，並透過網際網路將該數值上傳到 MCS 雲端平台的兩個顯示通道，我們可以在 MCS 中觀察上傳的溫溼度數值，還可以看到已經上傳的溫溼度數值呈現出的圖形。最後在延伸學習中學習設定 MCS 通道的觸發條件，當溫度或濕度超過限度時，透過 Gmail 發出警告訊息。接著我們開始連線到 MCS 建立新的原型及測試裝置。

　　請到 MCS 雲端平台，MCS 網址為：https://mcs.mediatek.com/zh-TW/

　　如果還沒有註冊帳號請參考 5-4 帳號註冊，完成註冊。進入 MCS 首頁後點選「登入 / 註冊」。

　　填入註冊的 email 帳號及密碼，接著點選「登入」。

Cloud Sandbox

點選「開發」，再點選「原型」，進入原型設定畫面。

在產品原型畫面中點選「創建」，準備繼續創建原型的設定。

第**1**章
LinkIt 7697 及
BlocklyDuino V3 簡介

第**2**章
基礎感測模組

第**3**章
進階感測模組

第**4**章
BLE 藍牙控制

第**5**章
WiFi 控制

在創建原型畫面中，產品原型名稱填入"雲端溫溼度監控"，產品原型版本填入"1.0"，硬體平台選擇「聯發科開發板」，硬體名稱選擇「LinkIt 7697(MT7697)」，產業選擇「教育」，應用程式選擇「小學及中學教育」，最後點選「儲存」，完成原型的創建。

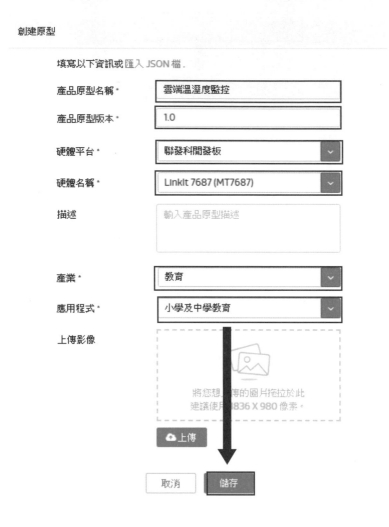

點選雲端溫濕度監控中的「詳情」，準備繼續建立新的通道。

點選「退出」。

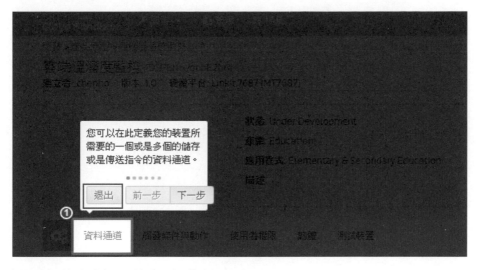

點選新增資料通道中的「新增」。

馬上新增資料通道！

在新增資料通道中填入下列資料，填妥後點選「儲存」，完成新增溫度顯示通道。

第 **1** 章

LinkIt 7697 及
BlocklyDuino V3 簡介

第 **2** 章

基礎感測模組

第 **3** 章

進階感測模組

第 **4** 章

BLE 藍牙控制

第 **5** 章

WiFi 控制

繼續在新增資料通道中點選「新增」。

點選顯示器中的「新增」，新增濕度數值做顯示通道。

在新增資料通道中填入下列資料，填妥後點選儲存，完成新增濕度顯示通道。

點選「創建測試裝置」。

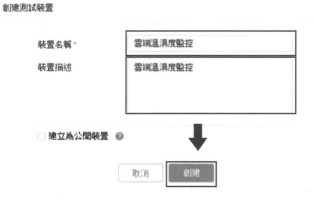

在創建測試裝置中填入下列資料，填妥後點選「創建」，完成創建測試裝置。

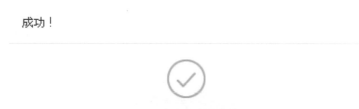

點選詳細資料。

成功！

✓

測試裝置已成功產生！
您可以在「我的裝置」頁面看到它的詳細資料

先不用　　詳細資訊

第**1**章
LinkIt 7697 及 BlocklyDuino V3 簡介

第**2**章
基礎感測模組

第**3**章
進階感測模組

第**4**章
BLE 藍牙控制

第**5**章
WiFi 控制

確認完成創建測試裝置的 DeviceID、DeviceKey 及資料通道 ID

MCS 雲端平台設定完成溫濕度的顯示通道，繼續撰寫 7697 程式。

使用零件：

項目	數量
LinkIt 7697	一片
擴充板	一片
Micro USB 線	一條
DHT11 模組	一片
母對母杜邦線	三條
無線 AP	一台

接線圖：

　　DHT11 的接線只需三條線，將 DHT11 模組的 DAT 接在 D2，VCC 接在 5V，GND 接擴充板的 GND，輕鬆完成接線，準備繼續撰寫程式。有興趣做戶外型的溫溼度計可參考下列網址，搭配 3D 列印機即可完成：https://www.thingiverse.com/thing:1985125

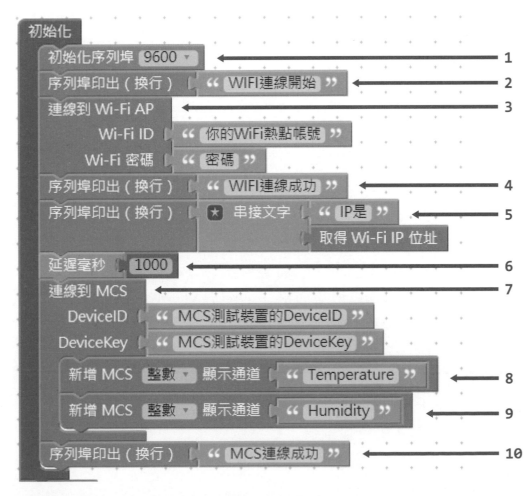

撰寫 MCS 雲端平台的程式積木，請參考 5-4 新增積木。

積木程式 (5_5)：

初始化

> 初始化序列埠 9600　──── 1
>
> 序列埠印出（換行）❝ WIFI連線開始 ❞　──── 2
>
> 連線到 Wi-Fi AP　──── 3
> 　Wi-Fi ID　❝ 你的WiFi熱點帳號 ❞
> 　Wi-Fi 密碼　❝ 密碼 ❞
>
> 序列埠印出（換行）❝ WIFI連線成功 ❞　──── 4
>
> 序列埠印出（換行）★ 串接文字　❝ IP是 ❞　──── 5
> 　　　　　　　　　　　　　　取得 Wi-Fi IP 位址
>
> 延遲毫秒 1000　──── 6
>
> 連線到 MCS　──── 7
> 　DeviceID　❝ MCS測試裝置的DeviceID ❞
> 　DeviceKey　❝ MCS測試裝置的DeviceKey ❞
> 　新增 MCS 整數 顯示通道 ❝ Temperature ❞　──── 8
> 　新增 MCS 整數 顯示通道 ❝ Humidity ❞　──── 9
>
> 序列埠印出（換行）❝ MCS連線成功 ❞　──── 10

重複執行
和 MCS 同步 ← 11
賦值 整數 ▼ Temp ▼ 到 溫濕度計 DHT11 ▼ 訊號: 2 ▼ 量測數值: 溫度(°C) ▼ ← 12
賦值 整數 ▼ Humi ▼ 到 溫濕度計 DHT11 ▼ 訊號: 2 ▼ 量測數值: 相對濕度(%) ▼ ← 13
序列埠印出(換行) ★ 串接文字 " 溫度為 " ← 14
整數 ▼ Temp ▼
序列埠印出(換行) ★ 串接文字 " 相對濕度為 " ← 15
整數 ▼ Humi ▼
更新 " Temperature " 顯示通道數值為 整數 ▼ Temp ▼ ← 16
更新 " Humidity " 顯示通道數值為 整數 ▼ Humi ▼ ← 17
延遲毫秒 1000 ← 18

程式說明：

初始化部分：

1. 初始化序列埠，傳輸速度為 9600。

2. 在序列埠視窗中顯示 "開始 WiFi 連線"，顯示後換行。

3. 用 "你的熱點帳號" 及 "密碼"，連接到無線熱點。

4. 執行完 3 表示已經連接到無線熱點，所以在序列埠視窗中顯示 "WiFi 連線成功"，顯示後換行。

5. 在序列埠視窗中顯示 "IP 是" 及 7697 的 IP 地址，再次確認連線熱點成功。

6. 延遲 1 秒。

7. 連線到 MCS，其中 DeviceID 及 DeviceKey 是 MCS 上設定測試裝置所產生

8. 新增 MCS 的顯示通道，通道名稱為 Temperature。

9. 新增 MCS 的顯示通道，通道名稱為 Humidity。

10. 執行完 8 表示已經連接到 MCS，所以在序列埠視窗中顯示 "MCS 連線成功"，顯示後換行。

重複執行部分：

11. 和 MCS 同步。

12. 讀取 DHT11 的溫度數值，並指派給整數變數 Temperature。

13. 讀取 DHT11 的相對濕度數值，並指派給整數變數 Humidity。

14. 在序列埠視窗中顯示 "溫度為" 及整數變數 Temp 的數值，顯示後換行。

15. 在序列埠視窗中顯示 "相對濕度為" 及整數變數 Humi 的數值，顯示後換行。

16. 用整數變數 Temp 的數值更新顯示通道 Temperature，把 DHT11 的溫度數值回傳到 MCS。

17. 用整數變數 Humi 的數值更新顯示通道 Humidity，把 DHT11 的相對濕度數值回傳到 MCS。

18. 延遲 1 秒。

　　MCS 顯示通道在程式中只要和 MCS 同步及上傳資料到 MCS 兩個步驟，另外 7697 的 MCS 雲端平台和藍牙 BLE 的寫法完全一致，可參考第四章藍牙 BLE 控制。

　　程式中先連結 Wi-Fi 熱點，這是所有使用網際網路的服務要做的第一件事，接著連接 MCS 雲端平台，連接平台時要先定義所使用的通道，在傳送溫濕度資料時，要完成前述的兩個步驟，和 MCS 同步及上傳資料到 MCS，本節使用 DHT11 溫溼度模組感測室溫及相對溼度，再以此兩數值傳送至 MCS 雲端平台紀錄。

執行結果：

　　7697 連線 Wi-Fi 熱點及 MCS 成功。

　　連線成功後，7697 開始每隔一秒傳送溫溼度數值到 MCS，並在序列埠中顯示。

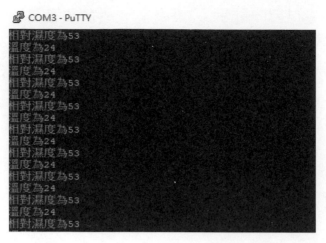

當 MCS 連線成功後,在 MCS 的測試裝置網頁中,測試裝置名稱左邊的燈號會顯示綠燈,同時可在溫度及相對濕度的顯示通道開始顯示。

點選顯示通道左上角的「⋮」,再點選打開「歷史資料」,顯示該通道的歷史資料。

溫度與相對溼度顯示通道打開歷史資料的畫面。

延伸學習：

完成溫溼度資料傳送到 MCS 雲端平台的紀錄，並且觀察根據資料所畫出的圖形，這些是 MCS 資料通道的基本功能，接下來我們要來看進階功能。

家中飼養甲蟲的幼蟲或是水族箱裡的魚，當室溫或相對溼度到達某個數值時，會對這些寵物的生長產生不良的影響，或者是協助管理電腦機房，當機房的室溫到達某個數值時，要做出相對應的措施，但是我們無法時時刻刻看著溫溼度的變化，此時可以利用本節的範例，再加上通道觸發條件與動作的設定，發出提醒通知，以下要做當溫度超過四十度時，發出 email 提醒通知，email 中會顯示溫度感測器所在處的室溫。

接著從雲端溫溼度監控的測試裝置畫面，開始做通道觸發條件與動作的設定由測試裝置畫面點選「回到產品原型」，準備設定顯示通道的觸發條件與動作。

點選「觸發條件與動作」，開始進入通道觸發條件與動作的設定。

點選「新增觸發條件和動作」。

　　觸發條件名稱填入”Temp2Gmail“，描述填入“溫度限制觸發
Gmail”，因為觸發後，會連動寄發 email，而筆者用 Gmail 帳號註冊
MCS 帳號，所以做此設定，接著點選下一步。

資料通道選擇「Temperature – degree Ceisius」，條件選擇「大於」，數值填入"40 "，點選「下一步」。

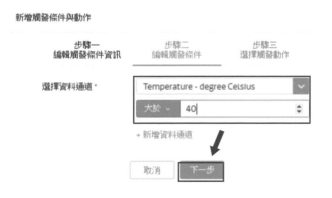

動作類型選擇「電子郵件」，名稱填入機房溫度過高，內容填入"目前機房溫度為 ${value} "最後點選儲存。這樣一來當溫度通道收到大於 40 度時，發出 email 寄到註冊 MCS 的 email 帳號，email 的主旨為機房溫度過高，email 的內容為目前機房溫度為 ${value}，其中 ${value} 為當時的溫度數值。

觸發條件與動作設定完成，點選「確定」。

第 1 章
LinkIt 7697 及
BlocklyDuino V3 簡介

第 2 章
基礎感測模組

第 3 章
進階感測模組

第 4 章
BLE 藍牙控制

第 5 章
WiFi 控制

成功！

成功。

確定

完成觸發條件與動作設定，測試裝置顯示設定後的結果。

測試裝置可以設定多重觸發條件與動作，如有需要設定，可再點選「新增觸發條件和動作」。

延伸學習執行結果：

當 7697 送到溫度顯示通道超過 40 度時，即會傳送郵件到註冊 MCS 的 email 帳號，

email 的主旨及內容，筆者使用 Gmail 帳號，畫面顯示 Gmail 的畫面。

第 **1** 章
LinkIt 7697 及 BlocklyDuino V3 簡介

第 **2** 章
基礎感測模組

第 **3** 章
進階感測模組

第 **4** 章
BLE 藍牙控制

第 **5** 章
WiFi 控制

5-6 雲端溫溼度監控

　　MCS 雲端平台於 2018 年 12 月新增資料運算通道，可讓使用者在 MCS 雲端平台中撰寫簡單的 JavaScript 程式，做少量的運算根據 MCS 官網的說明，此通道的主要用途如下：

1. 如果 7697 使用電池作為電源，因運算量降低可節省電力。
2. 針對不同的感測模組，可自行定義不同的計算方式。
3. 當運算需要更新時，只需修改 MCS 通道的程式，而不需更新 7697 的程式。

　　本節使用 MCS 的資料運算通道，製作資料自動分類器，由 7697 產生 1~100 之間的整數，傳送到該通道，通道上的 JavaScript 程式會將 1-50 的數值送到 ClassA 顯示通道，51-100 的數值送到 ClassB 顯示通道。當 7697 安裝到工作現場之後，分類器需要修改時，不用把 7697 拆回重新燒錄程式，只需修改 MCS 上的 JavaScript 程式即可。

　　開始來設定資料運算通道，由於我們已多次使用 MCS 雲端平台，登入的帳號與密碼已經記在瀏覽器中，所以打開 MCS 首頁不須登入即可使用，MCS 雲端平台網址為：https://mcs.mediatek.com/zh-TW/

　　登入後點選「返回到控制台」。

進入控制台畫面，點選「開發」後，再點選「原型」。

點選創建，準備建立原型。

　　在創建原型畫面中，產品原型名稱填入"自動分類"，產品原型版本填入"1.0"，硬體平台選擇「聯發科開發板」，硬體名稱選擇「LinkIt 7697（MT7697）」，產業選擇「教育」，應用程式選擇「小學及中學教育」，最後點選「儲存」，完成原型的創建。

接著點選建立完成原型視窗中的「詳情」。

點選退出，準備建立資料通道。

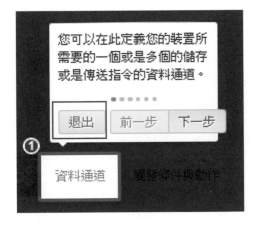

點選新增資料通道視窗中的「新增」。

第**1**章

LinkIt 7697 及
BlocklyDuino V3 簡介

第**2**章

基礎感測模組

第**3**章

進階感測模組

第**4**章

BLE 藍牙控制

第**5**章

WiFi 控制

點選資料運算通道視窗中的「新增」。

　　填入下列資料，程式部分為傳入通道之數值指派給變數 No，接著判斷變數 No，如果變數 No 小於或等於 50，則將變數 No 傳給通道 ClassA，否則將變數 No 傳給通道 ClassB。

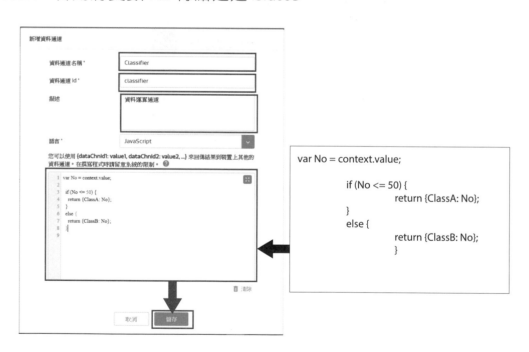

```
var No = context.value;

        if (No <= 50) {
                return {ClassA: No};
        }
        else {
                return {ClassB: No};
        }
```

　　新增通道後，點選「新增」，繼續新增顯示通道。

點選顯示器視窗中的「新增」，以新增顯示通道。

填入下列資料，接著點選「儲存」。

第 **1** 章

LinkIt 7697 及 BlocklyDuino V3 簡介

第 **2** 章

基礎感測模組

第 **3** 章

進階感測模組

第 **4** 章

BLE 藍牙控制

第 **5** 章

WiFi 控制

建立完成 ClassA 顯示通道，繼續點選「新增」，以相同方式建立 ClassB 顯示通道。

classifier 資料運算通道、ClassA 顯示通道及 ClassB 顯示通道建立完成。

點選原型畫面中的「創建測試裝置」。

填入下列資料，點選「創建」。

創建測試裝置

裝置名稱 *　　　自動分類

裝置描述　　　　輸入裝置敘述

☐ 建立為公開裝置　❓

[取消]　[創建]

測試裝置創建成功，點選詳細資訊。

成功！

測試裝置已成功產生！
您可以在「我的裝置」頁面看到它的詳細資料

[先不用]　[詳細資訊]

設定工作完成，準備開始撰寫程式。

使用零件：

項目	數量
LinkIt 7697	一片
擴充板	一片

Micro USB 線	一條
無線 AP	一台

接線圖：

7697 在本節的用途為產生 1 到 100 間的隨機數，亦即不按順序產生 1 到 100 間的數字，再把隨機數傳送到 MCS 的自動分類通道，讓該通道做分類，無需使用其他感測模組，所以無需接線。

新增積木說明：

選單	積木	說明
數學	隨機 最小 ◯ 最大 ◯	產生隨機數積木，用途為不按固定順序產生一個數字，第一個參數是隨機數的最小值，第一個參數是隨機數的最大值，所以產生本積木產生的隨機數介於最小值及最大值之間。

積木程式 (5_6)：

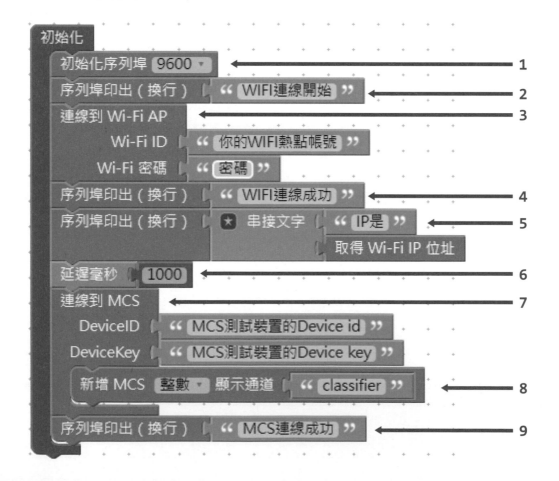

重視執行
和 MCS 同步 ← 10
賦值 整數 ▾ RandomNo 到 隨機 最小 1 最大 100 ← 11
序列埠印出（換行） 整數 ▾ RandomNo ▾ ← 12
更新 " classifier " 顯示通道數值為 整數 ▾ RandomNo ▾ ← 13
延遲毫秒 1000 ← 14

程式說明：

初始化部分：

1. 初始化序列埠，傳輸速度為 9600。

2. 在序列埠視窗中顯示 "開始 Wi-Fi 連線"，顯示後換行。

3. 用 "你的熱點帳號" 及 "密碼"，連接到無線熱點。

4. 執行完 3 表示已經連接到無線熱點，所以在序列埠視窗中顯示 "Wi-Fi 連線成功"，顯示後換行。

5. 在序列埠視窗中顯示 "IP 是" 及 7697 的 IP 地址，再次確認連線熱點成功。

6. 延遲 1 秒。

7. 連線到 MCS，其中 DeviceID 及 DeviceKey 是 MCS 上設定測試裝置所產生

8. 新增 MCS 的顯示通道，通道名稱為 "classifier"。

9. 執行完 8 表示已經連接到 MCS，所以在序列埠視窗中顯示 "MCS 連線成功"，顯示後換行。

重複執行部分：

10. 和 MCS 同步。

11. 產生 1 到 100 之間的隨機數，並指派給整數變數 RandomNo。

12. 在序列埠視窗中顯示整數變數 RandomNo 得內容值，顯示後換行。

13. 用整數變數 RandomNo 的數值更新顯示通道 classifier，把 1 到 100 之間的隨機數回傳到 MCS。

14. 延遲 1 秒。

本節有兩個部份的程式，其一為 MCS 上的 JavaScript 程式，作用為將輸入 MCS classifier 通道的數值分類，並依分類結果送到不同的通道，其二為 7697 積木程式作用為產生 1 到 100 之間的隨機數，並傳送到 MCS classifier 通道，當分類方式改變時，只需修改 MCS 上的 JavaScript 程式，無須修改 7697 上的程式，尤其是 7697 已經安裝在工作現場時，使用此種通道會使修改程式更為便利。

執行結果：

序列埠視窗顯示畫面，7697 連接 Wi-Fi 熱點及 MCS 成功。

下圖右邊為 7697 的序列埠視窗顯示隨機數的數值，左圖為 MCS 上的 classifier 通道接收 7697 送來的隨機數，並依大小分別送到 ClassA 及 ClassB 通道。

5-7　延伸練習

5-1 Wi-Fi 簡介及無線熱點連線

◎ 請設計無線 AP 連線程式，當無線熱點連線成功時，讓綠色 LED 亮起，未連線成功時，讓紅色 LED 亮起。

5-2 網路校時時鐘

◎ 請利用本節網路時鐘範例，增加鬧鐘功能，當到達設定時間時，蜂鳴器就會響。

◎請利用本節網路時鐘範例，讓時間顯示結果都能是兩個位數，例如原本顯示 12:1:2，改為顯示 12:01:02。

5-3 RFID 刷卡傳 LINE 簡訊

◎請用網路取得標準時間，於刷卡時用 LINE 簡訊傳送刷卡時間及卡號。

5-4 MCS 介紹及網頁遠端監控 LED

◎請用 MCS 的三個控制通道的開關來控制 LED 的亮度，第一個開關可讓 LED 全滅，第二個開關可讓 LED 半亮，第三個開關可讓 LED 全亮。

5-5 雲端溫溼度監控

◎請用超音波 HC-SR04 模組量測距離，並將距離數值傳送到 MCS 雲端平台，再加入量測距離超過 50cm 時會發出通知 email 通知。

5-6 MCS 雲端運算

◎請用 7697 及 DHT11 傳送攝氏溫度值到 MCS，由 MCS 資料運算通道轉換為華氏溫度，再傳送到顯示通道進行顯示。

電腦科學LinkIt-設計物聯網應用

發 行 人：邱惠如

作　　者：曾希哲

總 編 輯：曾吉弘

執行編輯：許鈺茛

業務經理：鄭建彥

行銷企劃：吳怡婷

美術設計：Shelley

出　　版：翰尼斯企業有限公司

地　　址：臺北市中正區中華路二段165號1樓

電　　話：（02）2306-2900

傳　　真：（02）2306-2911

網　　站：shop.robotkingdom.com.tw

總 經 銷：時報文化出版企業股份有限公司

電　　話：（02）2306-6842

地　　址：桃園縣龜山鄉萬壽路二段三五一號

■二〇一九年八月初版

定　　價：480元

ＩＳＢＮ：978-986-93299-6-5

國家圖書館出版品預行編目資料

電腦科學LinkIt：設計物聯網應用 / 曾希哲
著/-初版.－臺北市： 翰尼斯企業，2019 08
面；公分

ISBN　978-986-93299-6-5(平裝)

1.電腦教育 2.微電腦 3.電腦程式語言 4.中等教育

524.375　　　　　　　　　108011656